「勉強ができる子」の母親の習慣

齋藤　孝

中経の文庫

はじめに

日本の子どもの学力が低下しています。

学力が低下したのは、教育のコンセプトがあいまいだったのが原因だと思っています。ここしばらくのあいだ、日本の教育は「ゆとり教育」というスローガンのもとに、授業内容の削減、教科学習の授業時間削減が行なわれてきました。

「知識の詰め込みではなく、もっと人間性、個性、創造性を伸ばす教育を」「受験地獄をなくせ」、こういったことが声高《こわだか》に叫ばれました。

でも、あまりに抽象的すぎて、具体的には何をしたらよいのかが示されておらず、現場の教師たちは右往左往してきました。

もちろん、「人間性」も「個性」も「創造性」も大切なものです。ですが、教育には段階があります。

まずは、いろいろな知識を得て、勉強する意味を理解し、社会のことを知り、生きていくことの意義や手段を学ぶ。そうして、自分の力を磨いた上で得意分野を見つけていく。その段階まできたときにはじめて、「もっと人間性を磨け」「個性を尊重しろ」「創造性を生み出せる能力を」と叫ぶべきなのではないでしょうか。

小学、中学、高校時代は、できるだけ多くの知識に触れて知的好奇心を育てるべきです。教科の知識だけではありません。絵や音楽、映画、古典芸能、スポーツなど、できるだけ幅広い体験をし、いろいろな世界を目にして心に感じてほしいと思っています。

わたしは大学の授業のほかに、小学生を対象とした「齋藤メソッド」という集中スクールを行なっています。子どもたちと一緒に昼ごはんを食べていると、「なんで勉強しなくちゃいけないの？」とか「ひらがながあれば漢字なんか覚えなくてもいいじゃん！」と、質問ともボヤキともとれる声を耳にします。

「どうして勉強するの？」

お母さん、この根源的な問いにどう答えますか。

齋藤 孝

1章 なぜ勉強するのか?

2章 勉強をサポートする

3章 国語力をつける

4章 算数力をつける

5章 音読で脳を鍛《きた》える

1章
なぜ勉強するのか?

学力が下がったのは勉強をしないようにしたからです。

数学的応用力、読解力ともに急降下

子どもの学力低下が、新聞やテレビなどで時折報道されています。わたしは教育の専門家として、そして2人の子の親として、子どもの学力低下に心を痛めています。

去る2004年の暮れ、経済協力開発機構（OECD）が加盟国の15歳を対象に実施した学習到達度調査（PISA）の結果が発表されたときのことです。PISAは3年ごとに行なわれる調査で、その当時は第2回でした。

その結果を知って、わたしは愕然《がくぜん》としました。

明らかに**日本の子どもの学力が低下**していたのです。

国際学習到達度調査における平均得点のランキング

〈数学的応用力〉

順位	国名	得点
1	香港	550
2	フィンランド	544
3	韓国	542
4	オランダ	538
5	リヒテンシュタイン	536
6	日本	534
7	カナダ	532
8	ベルギー	529
9	マカオ	527
9	スイス	527
11	オーストラリア	524
12	ニュージーランド	523
13	チェコ	516
14	アイスランド	515
15	デンマーク	514

〈読解力〉

1	フィンランド	543
2	韓国	534
3	カナダ	528
4	オーストラリア	525
4	リヒテンシュタイン	525
6	ニュージーランド	522
7	アイルランド	515
8	スウェーデン	514
9	オランダ	513
10	香港	510
11	ベルギー	507
12	ノルウェー	500
13	スイス	499
14	日本	498
14	マカオ	498

（15位まで。小数点以下省略／2004年当時のデータ）

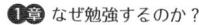

第1回のテスト結果と比べ、「科学的応用力」は2位と変わりませんでしたが、「数学的応用力」は1位から6位、「読解力」は8位から14位に急降下していたのです。これほどひどい落ち方とは思いませんでした。

当時、テストに参加したのはＯＥＣＤ加盟30か国と非加盟11か国・地域の約27万６０００人でしたが、この中には、紛争をしているような地域に暮らしていて満足な教育を受けられない子どもたちも含まれているのです。

ですから、日本のように高い文化水準をもち、きちんとした学校教育をしている国の子どもとしては、あってはならないほど低い結果だと思いました。

とくに、**読解力の低下はひどいもの**でした。

読解力とはすべての学びの基礎であり、また思考の土台となる力です。

国語に限らず、ほかの教科の教科書を読んで内容を理解するときにも必要な力ですし、日本語でものを考える以上、ある程度の日本語が自由にあやつれないと緻密《ちみつ》な思考はできません。

文章が理解できなければ数学の文章題も解けませんし、科学もちんぷんかんぷんです。本や新聞を読むのもおっくうになり、わたしたちが生きる社会や世界に対する興味と理解も限られたものになってしまいます。

ですから、**読解力が落ちるということは、学力が全般的に低下し、考える力も衰えるということ**なのです。

「これからは、国際社会を舞台に他国企業と交渉し競い合うのだから、小学校のうちから英語だ」などという前に、まず日本語なのです。

自分の国のことばでしっかり考え、他人のことばを受けとめて、自分の考えを表現する。このことは、価値観が多様化し国際化が進めば進むほど、いっそう重要になってくるのです。

反復トレーニングを軽視したツケ

お母さんの中には、「いまの子どもは昔の子どもに比べて、頭が悪くなったのかしら」と思う方もいらっしゃるでしょう。

でも、そうではありません。

むしろ、いまの子どもは、昔の子どもとは比較にならないほど頭がいいと思います。いまの子どもは、ほとんどの家庭にパソコンがあるような情報化社会に育っています。テレビ番組などのテンポも格段に速くなってきていま す。その情報処理能力は、パソコンの「パ」の字もなかった時代とは雲泥《うんでい》の差があります。ここでいう情報処理能力とは、脳の回転速度のことと思ってください。

ですから、いまの子どもの頭の回転は鍛《きた》えられながら育っているのです。にもかかわらず、学力は低下している。**これは子どもたちの責任ではありません。**大人が悪いのです。教育方針も教材も指導方法もまちがっているのです。

ここ10~20年の教育は、「人間性」「個性」「創造性」といった抽象的な概念にリードされてきました。もちろん、「人間性」も「個性」も「創造性」も大切なものです。でも、あまりに抽象的すぎて、それらを育てる上で具体的に何をしたらよいのかが見えてきません。

悪いことに、「個性」や「創造性」を唱える人たちは、**反復トレーニングを否定する傾向**にあります。ドリルを使って習ったことを繰り返し練習することは、知識を脳内に定着させるために欠かせないことです。反復トレーニングこそ、勉強の王道だといえるくらいです。

それなのに、否定しているのです。

反復トレーニングをしても個性は育つ

繰り返し練習すると、「個性」や「創造性」が失われるとでも考えているのでしょうか。実際、漢字の書き取りひとつとっても、小学校で国語の時間に徹底的に反復トレーニングをさせる先生は少ないのが現状です。

その結果、子どもたちの学力低下をまねいてしまったのです。

生まれつきの気質や性格はみんなちがっています。個性の種は、みんなが最初からもっているのです。それが花開くのは、社会において力を発揮するようになったときです。だからこそ、それまでに社会に出て活躍できるための技術を身につけなくてはならないのです。

あのモーツァルトが個性と創造性にあふれる音楽活動をなしえたのは、反復トレーニングによって、音楽の基礎技術を幼いうちに体得したからこそなのです。

勉強の「しすぎ」を心配する必要はない

もうひとつよく聞くのが「ゆとり教育」ということばです。これは文部科学省が提唱したものです。このことばが使われるようになった背景には、受験勉強に対する批判をかわそうという狙いがあったのだと思います。

多くの有識者も「ガリガリと受験勉強ばかりしていないで、もっとのびのびと人間性を高めるべきだ」などというのです。

先程のOECDの学習到達度調査では、同時に学習に対する取り組み方の調査も行なわれました。日本の子どもが学校以外で勉強する時間は週平均6・5時間。加盟国平均8・9時間よりも短いとの結果が出ています。

1日に1時間も家庭学習をしていないのです。これは紛争状態にあって、とても勉強ができるような状態にはない子どもも交えた加盟国平均より短い時間です。

30年前ならともかく、現在、勉強の「しすぎ」を心配する必要はありません。むしろ、**勉強の「しなさすぎ」を心配すべき**なのです。

「学校完全週5日制」導入とあいまって、授業時間数も減少しました。小学校では「書けない」「読めない」という生徒が増えているのに、国語の授業は週5時間から4時間に減っている。これはどう考えてもおかしいのです。

文部科学省もこうした声を受け、「ゆとり」からの転換を検討しています。教科の学習、とりわけ国語と算数のような人間の思考の原点となる教科は、とくに力を入れていただきたいものです。

ただし、お母さんにもひと言。

自己責任といわれている世の中です。自分の子どもの学力は自分の手で守らなくてはなりません。「学校がこうだから……」「みんなもこうしているから……」と流されないで、ご自分の判断をもってください。

もともと**教育は学校だけのものではなく、家庭と一体となってこそ成果が上がるもの**です。学校の方向性に疑問を感じたら、それを補うのは家庭の役目、お母さんの力です。国語と算数の基礎トレーニングの習慣を、お母さんの手でお子さんに身につけさせてあげてください。

受験勉強は人間性も高める

そもそも受験勉強は、敵視されるようなものではありません。

受験勉強によって身につけられる知識は山のようにあるのです。たしかに、重箱《じゅうばこ》の隅をつつくような暗記問題に対処する勉強はむなしいかもしれません。でも、それは受験勉強のほんの一部です。

受験勉強は大いに意味があります。

受験という目標に向けて、自分で勉強のスケジュールを立てて実行していく力は、どのような仕事をするときにも役に立つ力です。精神の持続的な緊張を要求される受験勉強は、脳を鍛えるトレーニングの場でもあります。遊びたい気持ちを抑えて机に向かう、こうした**自分を律する行為は人間性をも高めていく**のです。

子どもの脳はレベルの高い学習を望んでいます。

いまの教科書では学力の向上は期待できない

いまの子どもたちが学校で使っている教科書は質量ともにレベルが低すぎます。

生まれたときから身の周りにパソコンがあるような高度情報化社会に育ち、高いレベルの情報処理能力を身につけている子どもたちには、もの足りないと感じるものばかりです。

たとえば、小学6年生の国語教科書の〈上〉には、読む文章が5つか6つくらいしか入っていません。

4月からの約半年間で、読みの練習を行なう文章がわずか6つしかないのです。加えて、その文章も短いし内容も簡単です。わたしは考え込んでしまいます。

この程度の文章を読んで、社会に通用する国語力が養えるのか。

教科書編纂《へんさん》というのは、多くの人が集まって、さまざまな意見を出し合いながら行なうものです。

そうすると、「小学校6年生だったら、このぐらいのレベルだろう」と加減し、さらに「全員がわからないと不公平だ」という意見が出て、教科書のレベルはどんどん低くなっていきます。レベルの低い文章をゆっくりと読んでいるのですから、国語力が低くなるのは当たり前の話です。

実際には、**もっとレベルの高いものを大量に与えても、子どもの脳は十分に対応できる**のです。

小学生だってシェイクスピアが読める

そういうと、「それは一部の学力の高い子どもや、特別な塾に通っているような子どもだけではないか」という人がいるのですが、そんなことはありません。

先日、ある公立小学校で授業を行なう機会がありました。もちろん、その子どもたちはわたしの授業を受けるのは初めてです。

わたしはそのとき、2時限分つまり90分の間に、夏目漱石の『夢十夜』、シェイクスピアの『マクベス』、小林秀雄の『人形』、ラブレーの『ガルガンチュワ物語』を読ませました。

そのクラスでは、普段はひとつの文章を10時限くらいかけて読んでいます。

でも、このときはかなりレベルの高い4つの文章を2時限で読んだのですから、普段の20倍強のスピードで文章を読んだことになります。

いつもは自転車で移動している子が、いきなり新幹線に乗せられたようなスピードを体感したと思います。そう考えると、異常なスピードのように思うかもしれませんが、子どもたちはたしかに読むことができました。

いまの子どもたちの情報処理能力は、大人の想像をはるかに超えています。子どもたちが夢中になっているコンピュータゲームは、もっともっと速いスピードで展開していきます。子どもたちにはまったくノープロブレムです。大人にはできないのに。

大人が勝手に、「もっとやさしくないと子どもは理解できない」と思っているだけなのです。大人が勝手に教育レベルを下げているのです。

勉強はスポーツと同じ

わたしは「勉強はスポーツだ」と考えています。

学生時代に運動部にいた経験があるお母さんなら実感できると思います

が、うまくなりたかったら練習以外にありません。

上達は練習量に比例します。練習の絶対量が必要なのです。

どんなに野球の素質がある子どもでも、バッティングセンターで1日5球ずつ打っているだけでは、イチロー選手や松井秀喜選手のような大選手にはなれません。1日5球打つのと300球打つのとでは、もう雲泥《うんでい》の差になってしまいます。

いまの学校の授業は、1日にたった5球ずつしか打っていないようなものです。練習としては手ぬるすぎます。

イチロー選手は子どもの頃から、130キロの速球（プロ野球の投手並みの速さ）を1日に300球も打っていました。

これは、高校野球やプロ野球で通用するためには130キロの速球に対応しなくてはならないのだから、子どものうちから慣れておこうという発想からでした。

この考え方は勉強にも通じるものです。勉強とは、社会に出てから活用するものです。ですから、**社会に通じるレベルに慣れておく**必要があります。たとえば、小学生のうちから、夏目漱石や小林秀雄のような**日本を代表する作家が書いた「骨のある名文」**に触れておいてほしいのです。

たとえ、すべてを読みこなせなくても、骨のある名文と出合って格闘した経験があるだけで大きな財産となります。これから成長の過程で出合う教科書や教材の文章も、本や新聞記事も、それらに比べたらどんなにかやさしく感じられることでしょう。

反復トレーニングは頭を良くします。

人は忘れる生きもの

「学習効率を高める」とか、「うまく学習する」とか、「より良く学ぶ」ということばがあります。これを考えるには、脳のしくみを知らなくてはなりません。人間の**脳がコンピュータとちがうところは、学習してもその内容が脳内に定着しない**、あるいは記憶したつもりでも**簡単に引き出すことができない場合がある**という点です。「忘れる」とは、こういう状態をいいます。

覚えたい事がらを脳の中に確実に留めるには、繰り返し学習するしかありません。同じ刺激を繰り返しインプットすることによって、脳の中の回路がしっかりしていきます。これは大人でも子どもでもみんな同じです。

次に重要なのが、覚えた知識をスムーズに引き出すことです。脳の中の情報をいかに使うかで、最初、脳は試行錯誤を繰り返します。わたしたちがなかなか思い出せないと苦しんでいるときには、脳も苦しんでいます。試行錯誤しながら、さまざまな神経細胞ネットワークを使い、何とかして求めている知識にたどり着こうと工夫しているのです。

無数のトライ・アンド・エラーを繰り返した末、学習した内容をいちばん効率的に再現するにはどうしたらいいかということを、脳自身が見つけ出します。これも、記憶を定着させる場合と同様、何度も使うことによって、正確で強固なネットワークができあがります。

要するに、**「学習の王道は反復あるのみ」**ということなのです。

トレーニングを積むと頭は良くなる

教科の学習、とりわけ国語と算数は、人間の思考の基礎トレーニングになります。基礎トレーニングは、どんなにやってもやりすぎるということはありません。

トレーニングを積み重ねた結果、**トレーニングの量が一定量に達すると、質的な変化を起こします**。これを「**量質転化**」といいます。

お子さんが自転車に乗りはじめた頃のことを思い出してください。最初は乗れるようになるまで何度も転んだでしょう。お父さんやお母さんが荷台を押さえていても、おっかなびっくりにペダルをこいでいたことでしょう。でも、ある程度練習していったん乗れるようになると、あとは楽勝。この先、何年たってもスイスイと乗りこなすことができます。これは「量質転化」が起きたからです。子どもの頃に泳げた人は何十年ぶりかで泳いでみても泳げます。これも同じ理屈です。

仕事もそうです。最初は「こんな量はこなせない」と思っていたことでも、何か月もやっているうちに、それが普通にこなせるようになります。それは、**量をこなすことによって技術が磨かれ、それが身体の中に技として蓄積されるから**です。

勉強もまったく同じなのです。長く勉強していると頭は良くなります。そして、良くなった頭で勉強するので、さらに良くなっていきます。

「量をこなすと質が落ちる」はまちがい

「量を増やすと質が落ちる」「質を高めるためには量を減らさなければならない」と考える人たちがいます。ですが、それはまちがいです。

ドストエフスキーにしても、バルザック、シェイクスピアにしても、信じられない量の作品を生み出しています。しかも、すぐれた作品ばかり。偉大なる作家というのは膨大《ぼうだい》な全集を残しているのです。バッハ、モーツァルト、ベートーベンなどの音楽家たちも、「作品の量が多い人はその質も高い」ということを証明しています。ヴィバルディにいたっては、毎日作曲しているのかと思うほどの曲を残しています。ピカソの作品量も膨大です。毎日やるから技術が磨かれる。しかも質が高い。量的に多くなればなるほど、質的な変化を起こす機会が増えているということです。

ですから、**量は絶対的に重要**なのです。

お母さん、量をこなすことを恐れてはいけません。**子どもは習慣さえつければ、いくらでも勉強するようになります。**だから、量の設定はあまり低くしないほうがいいのです。

トレーニングの習慣が将来の仕事力をはぐくむ

トレーニングする習慣をつけることは将来にわたって役に立ちます。トレーニングすることが身についていれば、たいていの仕事はこなせます。

世の中に、楽でしかたがないという仕事はありません。たいていはつらいものですし、めんどうくさいのです。どんなに望んで就いた仕事でも、めんどうな部分や嫌なことが必ずあるものです。それを「めんどうくさいからやーめた！」と思ってしまうと、人生の大半がめんどうになってしまいます。それではどんな仕事もできません。

だから、子どもの将来を考えると、トレーニングによって、めんどうなことや嫌なことに耐える力を身につけなければならないのです。

勉強することは、そういう意味でも重要です。**反復トレーニングすることによって、考える力と考え続ける体力がついてくる**のです。

脳の耐久性がアイデアを生む

考え続ける体力は、これからの社会ではとても重要な力です。肉体労働が中心だった時代には、肉体的な忍耐力が必要でした。しかし、これからの社会はどう考えても頭脳労働がメインで、そのためには脳の耐久性が求められます。どれだけ考え続けることができるか、どれだけ集中力が持続できるかが問われる時代なのです。

脳の耐久性が高い人、考え続けられる人は、仕事のアイデアもよく出ます。仕事とは、困難をアイデアによって突破していくものです。アイデアこそがビジネスであり、会社の利益の源です。ですから、いいアイデアが出せる社員こそが優秀で実力のある人材といえます。

いいアイデアを出すために必要なのが、脳の集中を維持させる持久力です。考え抜く力とも言い換えられるでしょう。アイデアの良し悪《あ》しは、頭の良し悪しで決まるものではありません。考えた時間に比例するものです。

勉強の目的は、脳の体力をアップさせることにもあるのです。

向上心を身につけることが第一歩です。

勉強には喜びがある

勉強にはふたつの喜びがあります。

ひとつは、**発見や感動の喜び**。**自分にとって新しい世界と出合ったり、新しい意味を知ったりすること**です。これは生きる喜びともいえるでしょう。そうした瞬間を喜びとして感じることができるようになることが、学ぶことの基礎になります。

ことわざや慣用句を習って、家庭で使ってみるのも学ぶ喜びの表れです。知らない国や地方のことを学んで、旅することを空想するのも勉強の楽しみです。

そしてもうひとつが、**習熟していく喜び**です。**できるようになる喜び**です。勉強ができる子に勉強が嫌いな子はいません。なぜなら、できるようになる快感を味わっているからです。百マス計算でも速くできるようになると、うれしくてどんどんやりたくなる。**頭が速く動くことが快感になる。これが習熟の喜び**なのです。

学年の範囲なんて関係ない

勉強に学年の範囲は関係ありません。範囲なんて、授業時間数に即して割り振られただけのものですし、教科書改訂があるたびに揺らいでいる、じつにあいまいなものです。

そんなものに束縛《そくばく》されるのはナンセンス。だいたい、習う漢字が学年別に分かれていること自体おかしいと思いませんか。なんで、「発達」の「発」は3年、「達」は4年で、「経験」の「経」は5年、「験」は4年なのでしょう。

それよりも、いろいろな本を読むためには、小さい頃からたくさんの漢字が読めたほうがいいに決まっています。

算数だってそうです。数学的能力は年齢が若いほど高いことが証明されているのです。現に、アメリカには小学校を卒業して大学に入る子もいるほどです。

学年なんて関係ありません。「4年生なんだから、分数のかけ算はまだ早い」などと大人が勝手にブレーキをかけていたら、伸びる子も伸びなくなってしまいます。

目的地まで先に行ってみる

4年生のうちに5年生、6年生の範囲をやる、さらには中学校の範囲をやってもいいのです。いや、むしろそのほうが断然いい。

わたしは「齋藤メソッド」という小学生を対象とした塾を展開しています

が、そこで教えるときにはそうしています。

学年の範囲を超えて勉強することを「先取り学習」といいますが、じつは**先取り学習をすることによって、勉強の効率が格段に上がります。**

先までやっていくと、振り返って、いまやっていることの意味がわかることがあります。たとえば、6年生の範囲までやってみると、4年生で習う範囲がしっかりできていないためにこの問題もできないのだと、目から鱗《うろこ》が落ちるように理解することができるのです。

ですから、とりあえず目的地まで先に行ってしまうことです。

これはマラソンの下見のようなものです。下見をしないでいきなり走ったら、いま自分がどのあたりを走っているのかがわからなくなって、とても疲れます。走っている選手はストレスでいっぱいになります。

つまり、まずは車で1回コースを見ておいて、その上で実際に走ったほうが楽なのです。下見しておくと、「そうだ、ここまで来ればあとは下りなんだ」と気持ちに余裕が生まれます。

これは勉強も同じです。４年生だから４年生の範囲を完壁《かんぺき》にやろうという考えではなく、４年生だけど５年や６年の範囲までやってみるのです。完璧でなくてもいいのです。ひと通りやってしまうと気持ちが楽になります。

その上でわからない部分をトレーニングしていけばいいのです。**気持ちに余裕ができると、勉強の速度はさらに上がります。**「友だちよりも先に進んでいる」ということが自信になって、やっと引き離してやろうという気になるものです。

勉強というのは、先に行けば行くほど効果が生まれる、そういうものです。

教材は対象学年にとらわれずに

わたしは家庭用ドリルの『**やる気のワーク　最強の国語力**』や『**やる気のワーク　最強の算数力**』（共に旺文社）を**作成**しましたが、「目的地まで先に行ってみる」という考えをもとに教科書の範囲を超えてつくりました。

どちらも目安として、4年生以上用、5年生以上用、6年生以上用と対象学年を入れてはいますが、内容は学年の枠を超えています。

国語については、取り上げている漢字と文章読解に採用した文章の難易度で割り振っていますが、学年にとらわれずにどんどんやってもらいたいと思っています。

漢字力のトレーニングページに出てくる熟語は学年の垣根を取り払っていますし、読解力の問題は、すでに高校入試、さらには大学入試センター試験を視野に入れています。

算数は、4年生は5年生の範囲もやる、5年生は6年生の範囲もやるというように、先取り学習ができるようになっています。そして、6年生はおさらいと中学入試問題を中心にトレーニングするしくみです。

どんな教材を使う場合も、**学年表示にこだわらず、ひとつ上の学年のドリ**

ルにもチャレンジさせてみるのがいいのです。

自分の実力より少し上のレベルをめざすという体験や習慣は、やがて向上心として心に宿ります。人間の根幹というのは小学校時代が基本です。この頃に向上心の根をもっていると、まちがった道に迷い込みません。

向上心というのは心の習慣です。向上心のない人というのは、そういう心の習慣がないのです。これを大人になってから身につけるのはけっこうむずかしいことです。

最近、学ぶことも働くこともしたがらない若者が増えていますが、彼らの最大の弱点は向上心がないことです。

現状から脱出しようとか、少しでも良くなろうという気持ちが欠けているのです。なぜか。そういう気持ちをこれまでにもったことがないからです。

彼らに、向上心のもち方から手取り足取り教えてくれる職場はありません。ですから、まちがった道から抜け出せないでいるのです。

でも、そういう状況に追い込んでしまったのは親の責任でもあります。親がちゃんと勉強を通じて、向上心を養うようなトレーニングをさせてこなかったのです。

勉強の目的は有名中学や有名大学に入ることではありません。向上心をもって生きることができる人間になることです。

東大は向上心の象徴だ

わたしはひとつの目標として、小学生のうちから東大合格をめざすのがいいと思っています。東大というのは、「最高レベルをめざして向上していくのだ」というメッセージです。

実際、東大に通いだしたら、入学は決してゴールではなく、始まりにすぎないことがわかります。より高度な勉強を大量にしなくてはならないからです。高度な勉強をするとレベルはさらに向上します。だから、わたしは**向上**

心の連鎖の具体的な象徴として、あえて東大といっているのです。

「別に東大でなくてもいいじゃない」「大学に行かなくてもいいじゃない」「高校を出なくたって立派な人間はたくさんいる」、こういうことばは最初から向上心の育成を放棄しているようにしか聞こえません。

東大を例に話をすると嫌悪感《けんおかん》をもつ人がいるかもしれませんが、高校野球でいうなら甲子園球場、高校サッカーでいうなら国立競技場です。甲子園をめざすから練習に身が入るのです。そういう象徴は勉強においても必要なのです。

向上心のある子どもはピンチにも強くなります。少々の挫折《ざせつ》があっても、大人になってから窮地に陥っても、それを乗り越えることができます。トラブルや失敗に強いのです。向上心のある人は「何とかしよう」と考えます。そういう気持ちがあるから、強く生きていくことができるのです。

文脈力と段取り力こそ生きる力です。

「読み書きそろばん」に代わる力

かつての日本人の教育レベルの高さを支えていたのは、「読み書きそろばん」でした。読み書きそろばんはトレーニングとしてもすぐれ、断トツの威力をもっていました。

「読み書きそろばん」には、理科や社会科の要素は入っていません。つまり、国語と算数は勉強の中でも別格なのだということです。「読み」と「書き」が国語、「そろばん」が算数・数学で、このバランスも絶妙です。

理科や社会科は人間の知識を集めたものです。そうした知識を理解するには、国語力があればいいのです。**国語力があれば、どんな本でも読むことが**

できます。科学に関する知識も歴史に関する知識も学ぶことができるのです。その上で**算数のもつ論理的思考力が訓練されれば、おおよその基礎は押さえることができます。**

ただし、21世紀のいま、「読み書きそろばん」もバージョンアップする必要があります。「読み書き」とは、字のとおり漢字やことばを自由自在にあやつる力、「そろばん」は計算力です。「読み書きそろばん」ができるだけでは、複雑化した高度情報化社会を生き抜いていくための技術としては心もとないのです。

文脈力と段取りが大事

わたしは、**生きる力の両輪になるのが文脈力と段取り力**だと考えています。

文脈力とは、どういう文脈で話が流れていて、だれがどう考えているかを把握する力です。これまでの話の流れ、その場にいる人がどう考えているか、どういう価値観の持ち主であるのか、こうしたことを読み取って行動する力です。「場の空気を読む」ということです。

この文脈力を磨くのに最適なトレーニングが文章読解です。**読解力を養成すれば文脈力が鍛《きた》えられます。**

もうひとつの段取り力は、すべての物事を行なう上で必要とされる力です。仕事を例にとると、いま何が問題であり、その問題をクリアするには何をどの順番でやればいいのかといったことが判断できなければ話にならないのです。

この**段取り力を鍛えるには、算数の文章題を解くことがトレーニング**になります。文章題に取り組むということは、「何が問題なのか」「その問題を解決するにはどうしたらいいのか」「何がわかれば解決できるのか」と考えることです。

要するに、**国語の文章読解で文脈力をつけ、算数の文章題で段取り力をつ**

ければ、子どもは社会に出ても立派にやっていくことができるのです。

このことは、3章の「国語力をつける」、4章の「算数力をつける」でくわしくお話しします。

2章

勉強をサポートする

小4からの過ごし方で将来が決まります。

スポーツでは当たり前のゴールデン・エイジ

お母さんに知っておいてほしいのは、子どもの学力は飛躍的に伸びる時期があるということです。それは脳の発達と関係しています。

小学校4年から中学校2年くらいまでの期間を、わたしは「勉強のゴールデン・エイジ」と呼んでいます。この時期にきちんとした方法で勉強した子と、遊んでしまった子とでは、その後に大きな差がついてしまいます。

ゴールデン・エイジは、サッカーをはじめとするスポーツのトレーニングでは当たり前になっている考え方です。新しい技術を習得するということは、脳の中に新しい神経回路がつくられるということです。神経回路は脳がやわらかいほどつくられやすくなります。

したがって、**脳が比較的やわらかく、体もしっかりしてくる時期が、新しい技術を習得するのにもっとも適している**のです。それが小学校4年から中学校2年くらいまでのゴールデン・エイジです。

ゴールデン・エイジは、動きを頭で理解して身体に伝えるのではなく、見たまま感じたままのイメージにしたがい、身体全体で技術を吸収していく特別な時期です。わかりやすくいうと、**あらゆる物事を短時間で覚えることのできる時期**なのです。サッカーでいえば、ドリブルやトラップ、パスといった基本技術がもっとも吸収できる年代なのです。

そして、この年代に何を学んだかが、後のサッカー技術に大きな影響を及ぼします。高校からサッカーを始めた人は、なかなかワールドカップで通用するレベルには到達しません。それはゴールデン・エイジにプレーしていないからです。

サッカーに限らず、ゴールデン・エイジに習得した技術は大人になってからもずっと身についています。ですから、この時期に多くの技術を学ばせることが、将来大きく伸びるための大切なポイントとなるのです。

勉強でもゴールデン・エイジをのがさずに

勉強もサッカーとまったく同じです。新しい知識を習得する、新しい技を身につけることは、脳の中に新しい神経回路がつくられるということです。解剖学的にみると、脳の神経細胞は0歳から3歳までに大きく成長したあとは比較的穏やかに発達し、小学校4年以降になるとさらにぐっと成長することがわかっています。

ここに教育のヒントが見えるのです。

つまり、神経細胞が穏やかに発達する幼稚園から小学校4年までの時期は知識をたくさんしみ込ませることに適していて、それ以降は、**神経細胞の成長とともにその知識を活用するトレーニングもあわせて行なうと効率的**だということです。

国語でいえば、漢字やことばを徹底的に覚えることと同時に、読解の問題にも取り組むことです。母国語教育というのは、吸収力の高いゴールデン・エイジに徹底的にやっておくと相当高いレベルまで到達します。

そのため、わたしのつくったドリルには、**小林秀雄、坂口安吾《あんご》、梅原猛《たけし》**といった大人が読んでもおかしくないような**ビッグネームの書いた名文が登場**します。10歳前後の時期に、そういう骨のある文章を大量に読ませておくと、そのあとの伸びがまったくちがってきます。

算数でいえば、基礎知識の部分とは、計算問題や図形問題、数量を把握する問題です。そして、基礎知識の応用が文章題です。

文章題を解くには、日本語で筋道を立てて考えなくてはなりません。それには、算数の基礎知識に加え、国語力も必要になります。国語力の高まるこの時期に、文章題に取り組むことはとても合理的なことなのです。

お母さんが勉強をサポートしてあげてください。

お母さんが勉強のペースメーカーになる

小学生の勉強では、母親と子どもの対話がとても重要です。子どもの自主性にまかせるのは、基本的な習慣や忍耐力がついてくる、もう少しあとまで待ちましょう。

レベルの高い教材に取り組む場合や反復トレーニングをしっかりと続ける場合には、お母さんがペースメーカーになってあげてほしいのです。

2000年のシドニーオリンピックのとき、マラソンの高橋尚子選手は金メダルを取りました。このメダル獲得の裏に、高橋選手を指導した小出義雄監督の緻密《ちみつ》な段取りがあったことは、テレビなどでも紹介されています。

小出監督は高橋選手のほかにも、有森裕子選手、鈴木博美選手、千葉真子《まさこ》選手といった多くのトップランナーを育ててきました。それができたのは、選手の体や性格に合った調整法を考え、個々に練習メニューを組んだからです。

お母さんも小出監督をめざしてください。まだ勉強の習慣がないうちは、毎日30分でかまいませんから着実にやるようにします。たとえば、時間を固定して**「夜の8時から8時半までは勉強する」というように習慣づけてしまうのです。**

さらに、「この問題を20分間でやろうね」と時間を計ったり、「今日は調子がいいから、あと10問やろうか」とほめたりして、ペースを徐々に上げていってください。

走るのは子どもですから、いつでもべったりそばについていなくてもかまいません。**お母さんは、子どもの勉強のペースをチェックし、声をかけてあ**

げます。

勉強が嫌になってしまう原因は、やっていてもだれからもほめられず、評価されないことにあります。

あの高橋選手だって、たった一人できびしいトレーニングを毎日続けることはできないでしょう。そういう意味で、監督という存在はとても大きいのです。

感動してあげるのがお母さんの役目

一人で勉強していると、どうしてもつまらないと感じてしまうことがあります。一度つまらないと思いはじめると、自分一人の力ではなかなか立ち直ることができません。

そのつまらなさから子どもを救うのは何か。それは、お母さんの感動のことばです。

お母さんは、**「すごいね」「がんばってるね」「感心ね」**などと、勉強しているお子さんに感動してあげてください。

子どもの努力に対しては、感動して応えてあげることが何より大切なのです。

感動のポイントはふたつあります。

ひとつは、「よくこんなにむずかしい問題をやっているね」ということです。

たとえば、わたしのつくったドリルには小林秀雄の名文がのっていますが、お子さんがそれを読んでいたら、「えっ、小林秀雄の文章を読んでいるの？　お母さんが読んだのは高校生のときだよ。すごいね」と感動してあげるのです。

算数も国語と同じように、問題が解ける、解けないにかかわらず、新しいこと、むずかしいことにチャレンジしていることに感動してあげてください。

そうすることで、**子どもは誇りをもって勉強することができます。**

反復トレーニングの成果をほめる

もうひとつは、できるようになったことに感動してあげることです。

ドリルでは、できるようになるまで反復練習することをすすめています。ドリル自体には直接書き込まず、ノートを用意し、そこで10回、20回と覚えられるまで漢字を書いたり、問題を解いていったりするのです。そして、できるようになったら日をおいて、またチェックします。

口でいうのは簡単ですが、反復練習というのはつらいものです。高橋尚子選手のきびしいトレーニングのようなものです。

ですから、お母さんが「今日はこの前よりもできるようになったね。すごいね」「ついに全部できるようになったね」「この前より1分も早く解けたよ」と、お子さんができるようになったことに感動してあげることが大切なのです。

新しいことにチャレンジしている喜びと、できるようになる喜びを子どもに感じさせてあげること。

これを可能にするのは、お母さんの感動のことばなのです。

どれだけやったら身につくかの見通しを立てましょう。

東大合格者はなぜ反復トレーニングに強いのか?

勉強の基本は、例題で解き方を覚え、あとはひたすら反復トレーニングをすることです。反復トレーニングをすることで、知識は頭の中にしっかりと根づきます。トレーニングさえ厭《いと》わなければ、たいていのことはできるようになります。

ですが、**反復トレーニングはつらいもの**です。子どもがやる気を出して、どんどん自主的に勉強しているうちは問題ないのですが、途中で飽きてしまったり、嫌になって投げ出してしまうことが多いのも事実です。

反復トレーニングがつらくなるのは、自分のやっていることがよくわからなくなるからです。**見通しがないまま、いつまで繰り返すのだろうという疑問がわいてくる**のです。

これを、ランニングの練習を例に考えてみましょう。コーチから「いいと言うまでトラックを走れ」と言われたとします。あなたは「いつ終わるんだろう?」と不安に思いながら走ります。

コーチからは「気を抜くな」「だらだら走るんじゃない」などと言われても、いつ終わるとも知れないランニングなので、「はたして全力疾走してよいものだろうか?」と不安でいっぱいです。頭の中にはだんだんと「早くやめたい」という気持ちが芽生えてきます。そして10周走ったときに、「よし、そこまで」と言われ、練習は終わりました。

別のケースです。コーチは最初に、「よし、トラックを10周するぞ」と言いました。あなたはペース配分を考えることができます。「あと3周、あと2周、あと1周」と、ゴールに向かって前向きな気持ちで走ることもできます。

どちらも同じ10周なのですが、選手のストレスはあきらかに前者のほうが大きいのです。それは、何周走ればいいのかわからないまま走らされているからです。**走っている間の心理的プレッシャーがまったくちがう**のです。

東大に行くような子どもは、多かれ少なかれ、みんな「努力ができる子」です。

では、なぜ努力できるのでしょうか。ここが問題なのです。

それは、彼らの多くには**どれだけ勉強すればそれが身につくかという見通しが立っている**からです。最初から「10周走ればいい」と知っているからです。

その見通しとは、1冊のドリルを1か月で仕上げることであったり、一日2時間の勉強時間を継続することであったり、さまざまですが、**ここまでやれば必ず目標に到達できると指導され、自分でもそう信じてきたから**です。

だから、反復トレーニングを前向きな気持ちで進めることができるのです。

「このくらい練習すると知識が頭に入る」を知る

量がある一定ラインに達したときに質的な変化を起こすことを「量質転化」といいました。この「量質転化」こそ、トレーニングしたことが身についたという目安になります。ですが、小学生が自分で量質転化のラインを見極めるのはむずかしいことです。

そこで、お母さんに「うちの子は、だいたいこのくらいやると、この知識が頭に入る」ということをつかんでいただきたいのです。

それは、子どもと一緒にドリルや問題集などで反復トレーニングをしていけばわかります。繰り返しトレーニングをしているうちに、「うちの子どもはどれだけ反復トレーニングをすれば、知識をものにできるのか」がわかってきます。

ドリルや問題集というのは、「7割できたから良かったね」「8割できたからがんばったね」というものではありません。**10割できるまでやるもので**

す。**トレーニングは100点とれるようになるまでやるもの**なのです。

したがって、全部できるようになるまでに**何回練習したかを数えれば、量質転化のラインが見えてきます。**

「うちの子は、この勉強なら20回反復トレーニングをするとできるようになる」という目安が見えてくれば、「このページを20回やろうね」という具体的な指示が出せるようになります。

これが大事なのです。**最初に20回という数字を提示する**ことで、子どもの勉強に対する心理的プレッシャーを減らすことができるのです。

漢字がマスターできる平均は40～50回

たとえば、漢字練習もできるまで徹底的にやります。漢字というのは、わたしの経験から、40回とか50回くらいのところに記憶定着のゾーンがあります。量が質に転化して、一生忘れないゾーンというのが平均で40回くらいだということです。

むずかしい漢字を20回書いて覚えられるのは、頭の良い子です。40～50回になったらかなりの子ができるようになります。70～80回だったらだれでもほぼ完璧《かんぺき》です。「70回なんて気の遠くなるような数字だ」なんて、お母さんが思ってはいけません。

お子さんに、「漢字の練習は何回やればいいの？」と聞かれたら、「たくさんやればいいんだよ」というふうに答えずに、「50回」とはっきりした回数で答えてあげてください。

49回ではダメなのかというと、そういうことはないのですが、でも50回と10回では全然ちがいます。

だからはっきりと、**「50回書けば一生この漢字を忘れないよ」**と言ってあげるのです。「50回やればできるようになる」と信じて、ひたすら反復することが大切なのです。すでに書ける漢字を繰り返しやる必要はありません。

苦手な漢字を徹底して覚えるのが大事です。

お母さんはストップウオッチをもって

反復トレーニングのときに大切なのがスピードです。とくに**計算問題は正確にやることだけでなく、正確に速くできることが目標**です。

練習問題がすべてできるようになったら、次は時間をどれだけ短縮できるかにチャレンジします。時間を計って「この問題は○分以内」というプレッシャーをかけると、スピードが上がってきます。

時間というのは勉強の効率を上げる上でとても大切なことです。これは大人も同じです。期限のない仕事なんてありえないでしょう。「月末までに納めなくてはならない」「明日までに書類を提出しなければならない」という期限があるから仕事ができるのです。わたしだって、締め切りがなかったら本の原稿なんて絶対に書けないでしょう。

だから「お尻を決める」ことが重要なのです。

たとえば、お子さんの勉強時間を夜の8時から9時までと決めます。「絶対9時までしか勉強しない」と決めます。すると、逆算すればどのくらいのスピードでやらなければいけないかがわかってきます。「20分間でこれをやってしまおう」というような、密度の感覚を身につけることができます。

ストップウオッチはゲーム性があって、けっこう楽しい道具ですよ。

親子の対話の中で知識を定着させる

教材を通じて親子で対話をすることも、知識を定着させるのに有効です。

子どもと一緒に遊びの感覚で勉強してみるというのは、お子さんが小さいときにしかできない得難い時間の過ごし方です。

わたしのつくったドリルは、大人でも国語力、算数力を高める教材として十分活用できるほどレベルの高いものです。

お母さんも読解問題にチャレンジして、感想を言い合うのもいいでしょう。名文を一緒に味わう時間は、お子さんにとってだけではなく、お母さんにとっても充実した時間になるにちがいありません。

それに、自分が問題を解いてみると、つい人に出題したくなるものです。わたしは子どもの頃から友だちと二人でそれをやっていました。友だちと同じ問題集を買い、問題を出し合うのです。それは**勉強ではなく、もう遊びの感覚**です。

算数の場合はこうです。

たとえば、買い物途中で「1000円の2割引はいくらでしょう?」とか、「2リットル300円のジュースと1・5リットルで250円のジュースはどちらが安いでしょうか?」などと「割合」の問題を出してあげれば、「算数って日常生活に役に立つんだな」と子どもに気づかせることもできます。

車に乗っているときなら、「いま時速60キロで走っています。このペースで2時間走ったら何キロ先まで行けるでしょうか?」とか、銀行で「いま普通預金の金利は0・03%です。1万円預けたら1年後の利子はいくらでしょうか?」というのでもいいでしょう。

このように、親子で問題を出し合うような環境の中で知識を定着させていくというのは、とても大切なことです。

お子さんは、**「お母さんは自分の勉強に関心をもっていてくれる」**と確信**できますし、それが勉強を継続するエネルギー**になります。

特別に、一緒に勉強する時間をつくらなくても、ちょっとしたすき間の時間を見つけてお子さんに問題を出してあげてください。

買い物途中の電車やバス、車の中、レストランで食事が出てくるまでの待ち時間、お風呂の中など、どこでもいいのです。

「イチローってすごいね」

「イチローの『価値』は、打率という『数値』だけでは計れないのよ。たとえば、バックホームのときの矢のような返球にも『値打ち』があるの」

こんなふうに、お子さんが勉強している漢字や熟語などを意識的に会話の中に入れて、使い方の見本を見せてあげれば知識はどんどん定着していきます。

算数の解き方を会話で表現する

ぜひ挑戦してほしいのが、算数の問題を解く過程をことばで表現するというやり方です。これなら紙や鉛筆もいりませんし、いつでもどこでもできます。

どのような順序で解いていくのかをことばで説明できれば、応用問題や図形の証明問題を解くときの大きな力となります。

たとえば、算数ドリルの例題を解いたあとに、**同じ問題をどのように解くのかを子どもに聞いてみる**のです。

わたしのつくった算数のドリルでは、問題を解く過程をやさしい日本語で示しています。それをそっくりそのまま再生させるのです。やってみるとわかると思いますが、小学生が解き方の段取りをことばで説明するのは、なかなかむずかしいことです。つまりは、先生と同じことができるということですから。

でも、このトレーニングを積み、できるようになれば、算数の力を高める上でとても効果的です。

お子さんの能力のタイプを見極めましょう。

プレッシャーがあるほうがやる気は出る

子どもにはある程度の期待とプレッシャーが必要です。

プレッシャーをかけることを恐れているお母さんがいますが、反対に期待やプレッシャーがまったくないと、子どもたちはダメになってしまいます。

わたしは学生たちと接していて感じるのですが、いま若者がいちばん求めているのは「期待されること」です。**期待はやる気に結びつきます。**

人間は自分の能力を無意識のうちにセーブします。最近の若者が、口ぐせのように、「できないよ」「そんなの無理、無理」というのも力をセーブしているにすぎません。**力をセーブするクセがつくと個人の能力はどんどん衰え**

ていきます。

そこで必要になってくるのが、力を発揮させるきっかけとなるプレッシャーです。大人だってそうでしょう。プレッシャーがないとやる気はまったく起こりません。

会社で「きみにはこの仕事をやってもらう。期限はとくにないからマイペースでやってくれたまえ」なんて言われたら、やる気はまったく出ませんよね。

反対に、「この仕事、明日までに何とかならないか。きみがこの問題を解決してくれないとプロジェクト全体が進まないんだ。きみを見込んで頼んでいるんだ」と頼まれたら意気に感じて、徹夜も辞さない気で取り組めるでしょう。

「わたしが鍛《きた》える」というお母さんの心構え

ですから、お母さんは、「これくらいはできないといけないよ」とはっきりとプレッシャーをかけていいのです。

「できても、できなくてもいい」という態度はいけません。

「この漢字は絶対に書けないとダメ」「このことわざは知らないといけない」「分数のわり算くらいできて当たり前」と要求していいのです。要するに、「わたしが鍛えるのだ」という心構えが必要なのです。

親の覚悟は子どもに伝わります。「過大な期待をしすぎてはいけない」と遠慮するのではなく、「将来必要な力だから、できるようにならなければいけない」という態度を譲らないことです。

代々続く歌舞伎《かぶき》や能などの家に生まれた子どもは、こうしたきびしい練習のもとに成長していきます。きびしさが子どもの性格をゆがめるということはありません。

もちろん、勉強ができないということでお子さんの人格を否定するようなことを言ったら、それはゆがんでしまいます。でも、きびしくすること、プレッシャーをかけるということと、できないことをとがめることとは別の話です。

きびしく勉強させることも必要になったとき、**お母さんは自信をもって、愛情をもって、きびしく勉強させてください。**

能力のタイプには瞬発型と持久型がある

子どもにはふたつのタイプがあります。

普段はあまり勉強もせずに遊んでいるけれど、いったん勉強を始めると声をかけても耳に入らないくらいの集中力を発揮するタイプです。このタイプは、「やるときはやる」という要領のいい瞬発型といえます。

もうひとつは、机にはずっと座っているのだけれど、どうもぼんやりとしていて集中しているように見えない。それでも、ずっと何かをやっているという持続時間が長いタイプです。このタイプは持久型といえます。

どちらが良いとか悪いとかいう問題ではありません。

100メートル競争が得意な子とマラソンが得意な子のちがいのようなものです。筋肉は、瞬発系の筋肉と持久系の筋肉とに分かれているのですが、そういうことと似ているのです。

子どものタイプは、だいたいこのどちらかに分かれます。

集中力を長時間持続させることができればいちばんいいのですが、なかなかそういう子どもはいません。子どもの個性だと受け止めましょう。

瞬発型にはプレッシャーがより効果的

要領のいい**瞬発型は早くから力を発揮**します。授業でもテストでも要領がいい。少ない勉強で結果を出します。

ただし、瞬発型の子どもには上手にプレッシャーをかけないとダメなのです。サボるからです。頭の素材がいくら良くても、トレーニングしないと本当の学力は身につきません。

一方、**持久力の子ども**は小学校時代には目立った力を発揮しないかもしれません。このタイプは**火のつき方が遅い**のです。ですから、難関中学の受験までに一定の力を発揮できるようになるかといえば微妙です。もしかしたら間に合わないかもしれない。

でも安心してください。中学以降は着実に伸びます。中学以降の勉強は、純粋な積み重ねです。ですからコツコツ努力していれば、自然と学力は身につきます。持久力があればあとで伸びるのです。

瞬発型にしろ、持久型にしろ、大切なのは勉強の絶対量です。

瞬発型の子どもは短期間に多くの量をこなします。普段は遊んでいて勉強はたまにしかやらないけど、のったときには一気にやります。

一方で、持久型の子どもは一気にやることはありませんが、とにかく毎日1～2時間くらいは座っていても平気。そして1年くらいたったら、けっこうできるようになっているのです。

中学生になって伸びる子どももいる

頭は勉強することで良くなります。繰り返しますが、勉強ができるようになるには勉強の絶対量が大切です。

ある子どもの話です。この子は小学校時代、あまりできるほうではありませんでした。わたしが分数を何回教えてもわかりませんでした。「なんでこんなことが理解できないのだろうか?」と、わたしのほうがヘンになるほどでした。

ただ、この子は毎日3時間くらい机に向かっていました。はたから見ているとぼんやりしているようにしか見えません。それでもじっくりと勉強し続けた結果、中学校に入ってから突然できるようになり、いま中学2年生ですが、高校の数学をやろうとしています。

先天的な頭の良さということで考えたら、「この子はダメだ」ということになっていたでしょう。とても難関中学に合格できるタイプではなかったのです。でも、**毎日コツコツと勉強を続けたため、量が質に転化したのです。**

勉強することで頭は確実に良くなります。生まれもった頭の良し悪《あ》しはあまり関係ありません。

勉強することで頭は良くなって、さらに続ければ良くなった頭でもっとレベルの高い勉強をするから、結局ものすごいレベルにまで達してしまうのです。

わたしはこの子を見ていて、「小学校の時期で見切るということはできないな」と痛感しました。

お母さんの中には、「難関中学に入る子ができる子で、そうでない子はダメだ」と思っている人がいるかもしれません。でも、そうではないのです。

小学校のときは平凡に見えても、中学校に入ってから大きく変わる子どもがいるということを忘れないでください。

ただ、**何もしないで変わるということはありません。勉強の絶対量が子どもを変える**のです。

実力がオープンになるほうがやる気はアップします。

実力をオープンにすることを嫌う風潮

最近の学校教育では、子どもの成績をオープンにしません。

実力をはっきりさせると子どもの人格を傷つけるという「配慮」から、試験の結果を掲示する学校は少なくなりました。徒競走をしても1位、2位、3位という順番をつけず、「みんながんばりました」と同じように扱われます。

もちろん、昔あった「優等賞」などはありませんし、考えられません。こうした配慮は必要なのでしょうか。

たしかに、この配慮によって傷つかない子どもも増えたでしょう。しかし同時に、**実力がある子どものやる気を失わせる**ことにもなるのです。徒競走でいえば、「1位になったのに、なぜ6位と同じようにしか扱われないんだ?」と思うでしょう。

同じように、勉強ができても評価されなければやる気はなくなります。**競うことは実力向上の原動力**ですから、それを一概に否定するいまの学校教育には疑問をもっています。

そもそも、「実力をはっきりさせると子どもの人格を傷つける」という考え方はいかがなものでしょうか。

少年野球や少年サッカーをやっている子どもたちのことを考えてみてください。スポーツの世界は勉強以上に実力がはっきりしています。試合での成績、打率やシュート数などがすべてオープンになっています。だからといって、活躍できない子どもの人格を傷つけているかといったら、決してそんなことはないのです。

個人の実力がはっきりとわかり、個人の実力が衆人にさらされるというのはたいへん怖いことですが、それゆえに人は努力し、技術を高めるのです。

それに、社会に出たら多かれ少なかれ、実力ははっきりします。営業マンなら営業成績をグラフにして公表されることも珍しくはありませんし、そうでなくとも給料や一時金に成績が反映されるのは当たり前です。

どんなに学校で配慮をしても、**現実の社会には競争がある**のです。

それならば、実力をさらされることに慣れ、その状況を受け止めながら、自分の実力を発揮できる体質になっていたほうがいいと思うのです。

実力がオープンになることによってがんばる

テストをスポーツの世界に置き換えると試合になります。

そう考えると、テストを受けられるのは幸せかもしれません。野球とかサッカーとちがって、勉強にはレギュラー選手、控え選手の区別はありませんから。

スポーツの世界はきびしいのです。下手だと試合にも出られません。試合に出る子がうまくなるに決まっているのです。なぜなら、実力がさらされるからです。さらされるから努力するのです。やる気も出るのです。

勉強の場合も同じことがいえます。もちろん、勉強の仕方には工夫が必要ですが、**テストによって勉強に対するやる気を高めることができる**はずです。

その昔、実力をオープンにすることで、能力の活性化を図った塾がありました。幕末に緒方洪庵《おがたこうあん》が主宰した「適塾《てきじゅく》」です。

適塾では成績によってクラスが分けられていました。塾生は1～9等、等外に分かれ、毎月6回のテストが行なわれます。成績優秀者だけが上級へ進み、上級者は部屋の良い場所を使えました。

いまの学校の先生方が聞いたら、驚いて腰を抜かしてしまうほどの完全な実力主義です。

適塾が数々の俊英を輩出したのはご存じのとおりです。明治維新を迎える以前に刑死した橋本左内《さない》をはじめ、大村益次郎《ますじろう》・長与専斎《ながよせんさい》・福沢諭吉《ゆきち》などが有名です。そのほかにも、故郷に帰って後進を指導しつつ、近代日本の建設に活躍したOBが綺羅星《きらぼし》のごとくいるのです。

適塾の**実力主義が大きな成果を上げたことは、この俊英たちが証明しています。**

実力がさらされることにはすぐに慣れる

自分の実力がさらされるというのは嫌なものです。

しかし、慣れてしまえば心配するほどのことはありません。

わたしは大学の授業で公開プレゼンテーションを行ないます。毎回ある課題を与え、4人一組になり順々に発表させるのです。

そして発表が終わったと同時に、発表がもっとも良かった人を1人選んで

「せーの」でお互いに指さします。

学生たちは、最初は嫌がりました。高校時代までにそのような経験をしていないので、互いを評価することに抵抗があったのです。

ですが、2回、3回と繰り返すうちに慣れてしまいました。何票獲得するかで優秀さを競うのですから、20票獲得する学生もいれば0票の学生もいます。しかし、これは客観的な評価なので、発表した学生は納得しますし、0票の学生も、**「次こそは」と努力するようになります。**

客観的な実力がわかる検定試験を活用する

自分の実力を知るという意味でもテストは重要です。試合をしてみないと自分たちの練習が正しいものかどうかの判断がつきません。

テストを受けて、自分の客観的な実力を知る。そしてまた次の準備をする。テストでできなかったところを復習しながら、自分の実力を高めていくのです。

テストの中には、**自分の実力を客観的に測定・評価できる検定試験**もあります。

たとえば、昔から有名な「実用英語技能検定（英検）」や、小・中学生用に開発された「英単語検定」「実用日本語 語彙《ごい》力検定」「計算力検定」（いずれも旺文社生涯学習検定センター）などです。

「英検」は就職の際に資格として認められているほどのたいへんメジャーな検定試験です。

「英単語検定」は、英語力の基礎である英単語・熟語の力を判定・評価する検定試験で、自分がどこまでマスターできているのかが判定されます。

「実用日本語 語彙力検定」は、実用的な日本語の語彙力を測定・評価する検定試験で、漢字をはじめ、慣用句、ことわざ、故事成語、敬語の使い方などを、自分がどれくらい自由にあやつれるかが客観的にわかります。

実用日本語 語彙力検定 問題例
(実用日本語 語彙力検定・模擬テスト6級より)

[1] 次の意味にもっともよく当てはまることばはどれですか。①〜④の中から一つ選びなさい。

1. 公式の場や目上の人の前で、きちんとした態度をとる
   ① かしこまる　② あつらえる　③ たそがれる　④ いきどおる

2. ある情報を関係者に正式に知らせること
   ① 告知　② 承知　③ 察知　④ 周知

3. どちらの側にも、味方したり敵対したりしないこと
   ① 中立　② 中心　③ 中流　④ 中和

4. もの静かに人の心の奥《おく》深くにとけこんでいくようす
   ① のんびり　② うんざり　③ ほんのり　④ しんみり

5. あるテーマについて大勢の人に向かって話すこと
   ① 証言　② 講演　③ 応答　④ 対談

6. 自分をえらいと思っていい気になる
   ① 思いつめる　② 思い立つ　③ 思い知る　④ 思い上がる

7. ことばや動作がなめらかではないようす
   ① おおざっぱ　② あたふた　③ ぎくしゃく　④ てきぱき

8. 趣《しゅ》味や研究のためにものを集めること
   ① 特集　② 群集　③ 収集　④ 招集

9. 腹が立っていらいらする
   ① しゃくにさわる　② 水を差す　③ 舌を巻く

10. 相手の能力を低く見てばかにする
   ① ひかえる　② こだわる　③ いつわる

計算力検定　問題例
(計算力検定・模擬テスト6級より)

次の設問の答えとして，もっともふさわしいものを①〜⑨の中から1つ選びなさい。

1. 二十億《おく》六千八百万を数字で書きなさい。
   ① 268000　② 2068000　③ 2680000
   ④ 20680000　⑤ 26800000　⑥ 206800000
   ⑦ 268000000　⑧ 2068000000　⑨ 20680000000

2. 四捨五入《ししゃごにゅう》して百の位までの概数《がいすう》で表したとき，7000になる数のうち，いちばん小さい数を求めなさい。
   ① 6499　② 6500　③ 6949
   ④ 6950　⑤ 6999　⑥ 7049
   ⑦ 7050　⑧ 7499　⑨ 7500

3. くだもの屋さんでオレンジを6個《こ》買いました。全部で60円まけてくれたので，600円はらいました。オレンジについていたねだんは，1個いくらですか。
   ① 90円　② 95円　③ 100円
   ④ 105円　⑤ 110円　⑥ 115円
   ⑦ 120円　⑧ 125円　⑨ 130円

4. さやかさんの家では，買ってきたクッキーを家族5人で同じ数ずつ分けました。さやかさんは，3個食べてしまったので，残りは8個です。
   買ってきたクッキーは全部で何個ありましたか。
   ① 20個　② 25個　③ 30個
   ④ 35個　⑤ 40個　⑥ 45個
   ⑦ 50個　⑧ 55個　⑨ 60個

また、「計算力検定」は、算数・数学の基本となる計算力を測定・評価する検定試験です。

こうした検定試験の場合、**上位の級を取得するという目標やおもしろみがあります**。ことばの力にしろ、計算力にしろ、どんどん高めたほうがいいのです。ですから、**学年の標準レベルに関係なく、どんどん上の級に挑戦させ**てください。

また、お母さんとお子さんが一緒に受験するというのも、お子さんのやる気をアップさせるのに有効だと思います。

他流試合で自分をさらす勇気を身につける

わたしは武道をやっていたせいで、昇級試験、昇段試験などには妙に燃えていました。**階段を一歩一歩昇っていくのは楽しいものです**。ひとつ上がれば、また上をめざすという向上心を身につけることができます。

初段になると黒帯がもらえるので、みんなそれにあこがれて武道をやっていました。黒帯はこけおどしではなく、たしかに実力もちがうのです。黒帯を取ったときは、とても気分が良かったのを覚えています。

学力にもそういうものがあったほうがいいのです。「実用英語技能検定」「英単語検定」「語彙力検定」「計算力検定」などはその良い例です。

外の試験には適度な緊張感があって、いい経験になります。

それに、模擬試験もそうですが、恐ろしいほど自分の実力があらわになります。そういう機会はたくさんあるほうがいいのです。

自分をさらす勇気、自分の実力と客観的に向き合う勇気をもつことは、とても重要なことなのです。

3章 国語力をつける

国語力は生きる力の基礎となる力です。

国語力を高めてハードルを越える

国語力とは母国語を自由に使いこなす能力です。これは生きていく上で必要不可欠な力です。

なぜなら、国語力はあらゆる学びの基礎となるからです。算数、理科、社会の教科書をはじめとして、あらゆる書物の内容や、学校の先生の教えなどは、国語力がなければ理解できません。

また、国語力は論理的な思考力とも直結しています。日本人である以上、わたしたちは「あれをこうすると、こうなって、そしてこうなる」などと頭の中では日本語を使って考えています。

つまり、国語力が低いと論理的な思考ができないということです。**言語を自在にあやつることができないのに、思考だけが緻密《ちみつ》などということはあり得ないのです。**

ですから、**国語力は学びと思考の基礎になる力**といえるのです。学びと思考に必要な能力とは、生きるのに必要な力でもあります。

お子さんがこの先どれだけのハードルを乗り越えていけるかは、すべて国語力の高さによって決まるといってもいいすぎではありません。

ハードルの具体的な例を並べてみます。

たとえば、何年か先にやってくる中学、高校受験でも、試験問題や課題文を正確に理解しなければ解答できません。大学に行っても論文やレポートが書けません。

さらに、大人になって就職面接を受ける場合でも、面接官が何を聞いているのかが的確につかめなければ、的外《まとはず》れな返答しかできませんし、答えも面接官をうならせるような論理的な内容は期待できません。

社会人になって仕事をするにしても、相手が主張していることの要旨をつかむ力がなければ、どういう発言をしていいのかすら、わからないのです。

お母さん、お気づきでしょうか。

国語力の高さによってお子さんの人生が決まってしまうのです。国語力とは、ことばを変えれば**コミュニケーションの力**であり、社会生活をしている以上、必ず必要な力です。わたしは国語力こそ、一生涯にわたってもっとも重要なスキルだと考えています。

それなのに、国語力はずいぶん軽く扱われています。小学校の授業数は減る一方です。これはとても危険なことです。

国語力というものを理解する

いちばんの問題は、**国語力の存在が正しく理解されていない**ことです。

だから、「国語は勉強のやりようのない教科だ」と思われています。入試を前にして「国語はどう勉強すればよいのかわからない」と思っている受験生は多いのです。

そうした風潮を助長するように、ある作家はこんな発言をします。

「試験問題に自分の作品が使われたというので、問題を解いてみたけど解けなかった」

この発言は国語力を否定するものです。この作家は、「国語とは答えがひとつには決まらないもの」「文章は自分の感性にしたがって好きなように読めばいい」というのです。

驚くことに、教育関係者の中にも同意見の人はたくさんいます。国語力の重要性に早く気づいてほしいと思います。

要旨と意味をすばやく読み取る

世の中に意味のない文章なんてありません。文章に「うまい、へた」はありますが、それでもそこには何らかのメッセージが込められています。

古今東西のあらゆる文章で、いまに伝わっているものにはすべて意味があります。

世界最古の文字といわれるメソポタミア文明のくさび形文字で書かれた文章、古代エジプト人がパピルスに書いた文章の意味もきちんと理解できるのです。

なぜなら、**わたしたち人間は「意味」を大切にして生きているからです。**

そして、その意味を読み取る力こそが国語力です。

「この文章を書いた人は、このようなことがいいたいんだな」と要旨と意味するところをおおまかにつかむ力が要約力です。

あふれる情報の海の中で、大切なことは何か。その情報の意味とは何なのか。その文脈をすばやく受け取ることが求められています。

ひとつの文章に書かれた意味はひとつです。たとえば、ある文章を読んで、「200字で要旨をまとめなさい」といわれたら、全文がぴたりと一致しなくても、**国語力のある人の答えはだいたい同じになる**でしょう。

これは、社会のルールといってもいいのです。ことばを使う上で、このルールを無視してしまったら、コミュニケーションはとれなくなってしまいます。それでは、交通ルールを知らないのに車を運転しているのと同じです。

運転は交通ルールにのっとって行なわれます。ルールを守っていれば、事故なく運転できます。でも、そこにルールを知らない人が入ってきたらどうなるでしょう。たちまち事故が起きてしまいます。

「文章は自由に解釈していい」というのは、免許なしで好き勝手に道を走りまくり、あちらこちらにぶつかっている人に対して、「人それぞれの走り方がある」といっているようなものです。これは許されないことでしょう。

一見すると、自由な精神を標榜《ひょうぼう》するかのような発言ですが、まったく無意味だとわたしは考えています。芸術の鑑賞のあり方についての発言であれば理解はできますが、これから、さまざまな知識やルールを覚えて生きていかなければならない、未成熟の子どもに投げかけることばではありません。

国語力とは客観的な見方を学ぶこと

国語力とは客観的な力です。だれが読んでも、「これはこういうことだ」という客観性を重んじているのです。

数学なら共通理解を求められるに決まっています。それ自体が客観的なものだからです。しかし、**国語は読み手によって内容の受け取り方に多少のずれがあることを承知の上で、なおかつ客観性を求めているわけです。おおよそ、このあたりという共通ゾーンを把握する力**です。

社会の中では、共通ゾーンでどれだけ理解し合うかがいちばんむずかしく、かつ価値が高いのです。国語ができる人は、「おおよそ、このあたり」という共通ゾーンをきちんと把握します。そして、国語力の高い人同士では、内容の受け取り方がずれることはありません。

仕事ができるビジネスマンは、国語力を身につけています。ビジネスの相手は、自分よりも専門的知識をもっている場合が多いものです。でも、国語力が身についていれば、相手の求めていることが理解でき、どんな説明をすれば満足されるかが瞬時に把握できるのです。

国語力の中心となる読解力

国語力のある人は、どんな現代国語の問題を見せられても高得点をとります。ところが、国語力のない人は必ず低い点しかとれません。国語の問題が解ける人は国語力がある、解けない人は国語力がないということです。これほど明確な力はありません。

国語力を大きくふたつに分けるとすると、**「ことばを知っている」**ことと**「文章が読める」**ことに分けられます。

ことばは国語力のベースになるもので、漢字、熟語、対義語、類義語、ことわざ、慣用句などを反復練習によって覚えていきます。

そして、もうひとつは「文章が読める」こと、すなわち読解力です。読解力は人の考えを理解する、自分の考えを表現することに直結しています。

国語力とは歴然とした学力で、それをつけることが社会で生きていく上でもっとも大切なことです。この点を認識することが出発点になります。

わたしがつくった最強のドリル

手前みそになりますが、わたしは『やる気のワーク　最強の国語力』（旺文社）というドリルを小学4・5・6年生向けにつくりました。このドリルは「漢字力」「ことば力」「読解力」「音読力」という4つのパートから構成されています。

わたしの考える国語力のトレーニング方法を理解していただくために、少し紹介しておきます。

漢字力は、漢字を覚え、熟語を使いこなすトレーニングのページです。小学校では１学年約２００個ずつの漢字を習いますが、そのすべてが同じように重要というわけではありません。**論理的思考を行なう上で重要だと思われる漢字を選び**、それらは、**どのように使われるのかを示しています。**「宿命」とか「理念」などの抽象語は文章読解のキーとなることばですから、それらの抽象語を自在に使いこなせることで、読解力も高まっていきます。

ことば力の章では、四字熟語、対義語、類義語、慣用句、ことわざなどを使いこなす訓練を行なっています。とくに**対義語は文章読解のカギを握ります。**

なぜなら「感情的↕理性的」「積極的↕消極的」など、**対立するふたつの概念を軸に考えることが人間の論理的思考の基本パターン**だからです。文章読解の問題も、対義語を押さえることで答えが出ることが少なくありません。

漢字力とことば力を身につけたら、良い文章を読んで読解力を鍛《きた》えます。

読解力の章では、大人が読んでもすばらしいと思えるような名文ばかりをそろえています。最初からすべて理解できなくてもいいのです。問題を解こうとすることで理解が深まるように工夫しています。

「音読力」の章では、生き生きとした日本語で書かれた名文を音読し、音読力を鍛えます。音読には脳を活性化する効果があります。勉強ができる、できないにかかわらず、音読を続けることによって脳を活性化していきます。

機会があれば、お母さんもぜひ名文を楽しんでみてください。

熟語を使いこなせる子どもは緻密《ちみつ》な思考ができます。

使いこなせることばの数が減っている

国語力のベースとなるのはことばです。ことばを知らなければ何もできません。

「あれがこうなって、こうなる」という論理的な思考もできませんし、感情の表現もできません。すべてが「むかつく」とか、「びみょー」ということばによって表現されることになります。

もともとことばというのは、親子で会話をしたり読書をしたりすることによって、自然と身につけていくものでした。

しかし、親子の会話の中で使うことばの数が減っているので、子どもが覚えることばの数も減っています。

これは、親が読書をしなくなったために、親が使うことばの数が減ってしまったことが影響していると考えられています。親に読書の習慣がなければ、子どもにもないのは当然です。**子どもたちの使うことばの数が減っているのは、大人たちの責任**でもあるのです。

漢字には情報が詰まっている

ときおり、「漢字なんかわからなくても、ひらがながわかればそれでいい」などという人がいます。

でも、漢字とひらがなとでは、1文字の中におさめられた情報の量が全然ちがいます。

ひらがなは、「あ」なら〈ア〉という音、「い」なら〈イ〉という音を表すだけですが、漢字には意味があります。1文字の中に意味がギュッと凝縮されて、まるで図画のようなものなのです。

たとえば、「感」という字はショックを与えるという意味の「咸」と「心」の組み合わせで、「強いショックに触れて心を動かすこと」を表すものです し、「観」という字は合わせそろえるという意味の「雈」と「見」が組み合わさってできた字で、「全体を一望のうちに合わせて見渡すこと」を表します。

同じ1文字といっても、ひらがな1文字と漢字1文字とでは、その情報量は比べものになりません。

漢字を2字、3字と組み合わせた熟語になると、そこに込められた情報は、2倍、3倍の量になります。だから、ややこしくて覚えづらくても、みんな漢字を使っているのです。**漢字を使うことで、すばやく大量に意思伝達ができるからです。**

抽象的な熟語をマスターする

とくに、いま子どもたちに欠けているのは、抽象度の高い熟語を使いこなす能力です。

知的な会話や議論では、抽象的なことばを使ったやりとりが行なわれているはずですが、最近では、そうした会話を耳にすることが少なくなりました。

子どもや学生と話していても、「客観的に分析した結果」「あの人は洞察力がありますね」といった話のできる人が減ってきているのです。

わたしは、人と数分会話をすれば、その人の読書量がだいたいわかります。それは、会話の中にどの程度、**抽象的な意味をもつ熟語**が出てくるかで判断できるからです。

たとえば、「創造力」とか「判断力」ということばが出てくれば「まずまずの読書量」、「恣《し》意《い》的な解釈」などが出てくると「かなりの読書量」とわかります。

また、わたしが「フヘン」といったときに、変わらない「不変」と、広くいきわたる「普遍」とが頭に浮かんで、「どちらのフヘンですか?」とたずねてくれるようであれば、少しは読書をしている、ということなのです。

テレビを観ていても、そのような熟語はあまり出てきません。テレビやラジオには、抽象的なことばをなるべく使わないようにするという正当な理由があるからです。音だけでは全員に正しい意味を伝えるのに限界があるのです。

たとえば、「タイケイ」には「体系」「体型」「大系」など、「タイケイ」と読むさまざまな熟語がありますが、「タイケイ」が熟語だとわからない人もいるのです。

ところが、熟語をよく知っている人は、「ソウゾウ」と聞いて「想像、創造のどちらだろうか?」と思えるのです。こういう人は活字が頭に入っている人で、**普通に話をしているようでも、じつは音を文字にして聞いています。**

だから、熟語に強い人は人が話した内容の把握が速いといえるのです。

漢語系の国語力を鍛《きた》える

日本語は、日本固有の大和ことばと中国にルーツをもつ漢語系のことばに大別されます。

大和ことばは基本的に感情表現にすぐれているとされ、一方の漢語系のことばは抽象的な概念を表現するのにすぐれています。

かつては論理的に物事を思考し、表現するという仕事は、主に男性が行なっていました。ですから、男性の勉強の中心は漢学でした。

一方、女性は大和ことばを使って自分の心情を上手に表現していました。ですから、男性が漢語を使い、女性が大和ことばを使うという暗黙の了解があったのです。

紀貫之《きのつらゆき》が書いた『土佐日記』の冒頭に、「男もすなる日記といふものを、女もしてみむとてするなり」とあります。『土佐日記』は紀貫之が女性を装って仮名まじり文で綴《つづ》ったものでした。

この時代の男性の日記は漢文で書くのが当たり前であり、そのため、紀貫之に同行した女性という設定で書かれたのです。

江戸時代の寺子屋では、幼児のうちから『論語』などを音読していました。子どもの頃から漢文に慣れ親しんでいるうちに、抽象的、論理的な思考が身についていったのです。

しかし、**現在もっとも衰えているのは、この漢語系の国語力**です。かつての日本人がもっていた実力に比べたら、現在はその3割にも満たないのではないでしょうか。

論理的思考は欠かすことのできない力です。将来まで見渡したとき、そういう抽象度の高いことばを自在にあやつれるかどうかが、決定的な実力差となって表れてくるのです。

漢字にも重要度に差がある

そう考えると、漢字はどれも同じように重要というわけではありません。重要な漢字とそうでない漢字があるのです。

たとえば、「蝿《はえ》」という漢字は書けなくてもそれほど問題にはなりません。かたかなで書けば事は足ります。

ところが、「主観」の「観」の字が書けないとどうでしょう。「観」はさまざまな漢字と結びついて抽象度の高い熟語をつくる重要な漢字です。「主観」「客観」「観点」「観察」「直観」など次々と出てきます。しかも、こうしたことばは入試で取り上げられる読解の文章によく登場します。

わたしは国語力のドリルを作成するにあたり、おそらくはじめての試みだと思いますが、抽象概念を表す大事な漢字を、各学年40字ずつ選んでいます。

『やる気のワーク　最強の国語力』〈小学4年以上〉（旺文社）で選抜した重要漢字40

重要漢字40字

説省便養得帯喜試型察費験改覚差達議量候末
官然観結極積機成要録誤特底束選類産置賞念

その他の漢字160字

旗努唱停貯借兆冷孫敗祝刷博静治散挙輪欠腸
満臣航隊粉連参単包倉告周競無功氏殺救票初
望節札巣堂径直好照鏡児管浴栄種折象毒的側
府共康固徒希熱求郡争兵貨法訓働脈街関械材
願必令低飯歴労辞例夫建印付害伝最卒灯清料
続副標牧勇変焼失昨飛囲老英果芽別残愛季芸
菜席司笑景漁浅辺戦紀典完加士軍松不史塩案
胃約民未陸健利器梅各信衣給泣順位協億以仲

お子さんを指導するときの参考になさってください。

学年の範囲を超えて覚える

漢字を覚えるときには1文字だけで練習するのではなく、**熟語として習得してしまうのが効率の良い方法**です。

漢字1文字が書けるというだけでは消極的な知識でしかありません。漢字は組み合わせて使うことによってはじめて積極的な知識となるのです。

前にも例に出しましたが、「観」という字を1文字だけで使うことはそれほど多くありません。「主観」「客観」のように組み合わせて使うことのほうが圧倒的に多いのです。

4年生の必修漢字に「察」という漢字が出てきます。ですが、「察」1文字を覚えても「使える知識」とはいえません。

そこで、わたしはドリルの中で、このような例文をつくりました。

「ホームズって勘がいいよね」
「勘じゃなくて洞察力があると言うべきだね。物事を見通す力のある人は、観察する力や考察する能力がすぐれているんだ」

ここには、「察」を使った熟語が3つ出てきます。「洞察力」「観察」「考察」です。「警察」だけでは出番が少なかった「察」が知的な熟語として登場し、**とたんに利用度がアップ**しました。

また、抽象語の意味も推測できるように工夫しています。

まず、「ホームズは」と始めることによって、子どもたちが場面のイメージを描きやすくしています。

さらに、**「洞察力」を「物事を見通す力」と言い換えることによって、この文例を読めば、ことばの意味もわかるしくみ**です。

もうひとつ文例をあげましょう。5年生で習う「経」についての文例です。

これはサザエさんについてだれかが話しているものです。

「サザエさんの買い物の経過を報告します。欲しいものがあったら何でも買ってしまうようです」

「なるほど、経済観念はゼロに近いね」

ここにも「経過」「経済観念」という熟語が登場しています。

これは、使用の実践例なのです。子どもたちがイメージしやすいような状況設定にはしてありますが、イチロー選手が130キロの速球を子どもの頃から打っていたのと同じ効果をねらっているのです。

本を読んでいて、いきなり「洞察力」や「経済観念」といったことばに出合ってしまったら、むずかしいと感じてしまうでしょう。でも、こうしたわかりやすい文例でトレーニングすれば、自然と用法が身についていきます。

通常の漢字学習では、4年生は4年生の漢字、5年生は5年生の漢字を覚えていきますが、実際には漢字に学年の枠など必要ないのです。**枠にとらわれていたら、熟語を覚えることができません。学年の範囲を超えてどんどん覚えていくべき**です。

小学生で覚える漢字の量などたいしたことはありません。大きな模造紙1枚に書けるくらいの量です。

中国では、小学校1年生で1000字を覚えさせるといいます。そのことを考えれば、1、2年生のうちに小学校6年間分の漢字を覚えてしまうことも決して無理な話ではないのです。

抽象語を具体的に示させる東大の入試問題

わたしは、よく東大の名をあげて話をします。

お母さんは、お子さんを東大に入れたいと思ったことはありませんか。

世間では「東大をめざして勉強していると性格がゆがむ」とか、「親の期待が大きすぎると子どもがおかしくなる」などといいます。

わたしはそうは思いません。胸を張って東大をめざしてください。

なぜここで東大の話を始めたかというと、いままでお話しした抽象的な意味をもつことばが、東大入試に大きく関係しているからです。

わたしは**東大の国語の入試問題**を長い間チェックし続けていますが、結局、**抽象的な意味をもつことばを理解できるかどうかが問題の8割を占めているのです。**

もっとも多いのが、抽象的な意味をもつ熟語に線が引かれ、「このことばは具体的に何を示すかわかりやすく説明しなさい」というパターンです。

また、抽象語の使えない人は小論文も書けません。

わたしは小論文の採点を十数年やっていたのですが、抽象語がある程度使える受験生は合格ラインに達します。

ことばの使い方をまちがうことなく、ある程度使いこなせて、なおかつ、その抽象的な語と、自分の経験という具体的なものを結びつけて書くことができたら、ほぼ合格です。

ところが、自分の経験を日常語だけで書いてしまうと、いくら感性は鋭くても思考が幼稚であると判断されてしまいます。

反対に抽象語だけが乱舞してしまって、内容に具体性がないケースもあります。まずは内容が空疎にならないように抽象語と自分の経験をからめて書くという工夫が必要になります。

こうした**抽象的な事がらを具体的に言い換える力は社会に出ても必要**です。

相手のことばを自分のことばに置き換え、かみ砕いて示すことで、相手の話を十分に理解していることを伝えられます。そうなってはじめて、相手もさらに話を展開させることができます。

また、話がどうも漠然としていて、焦点がはっきりしないというようなときには、具体的に言い換えて、「それは、つまりこういうことでしょうか」と相手に投げかけてみるのです。

対話というのは、共通理解の部分を積み重ねる作業なのです。

漢字が書けないと知性が疑われる

わたしたちには、漢字が書けないことを理由に「この人の知性は低いのではないか」と判断するクセがあります。

文章の中にあまりにも漢字のまちがいが多いと、「この人は勉強していない」と思ってしまいますし、答案の場合でも読む気がなくなります。**漢字が書けないだけで知性全体が疑われてしまう**のです。**これはとても損なこと**です。

わたしが教え子たちを教育実習に行かせるのにいちばん不安に思うのは、彼らは漢字をまちがえずに書けるだろうかということです。黒板にまちがった漢字を書いて、生徒から指摘され、笑われているのではないかと心配になるのです。

小学校の先生でも、漁師の「師」を「士」と書いてしまう人がいました。生徒は笑っていました。

こうなると、ほかの面がすぐれていても漢字が書けないというだけで信用を失うのです。1回くらいのミスならいいのですが、何回か続けばその人のこと全体が疑われてしまいます。

そういう人は、もちろん企業にも採用されません。創造力がいくら豊かでも、自己PRの文章があまりに幼稚であったり、誤字、脱字が多かったりすれば知性が疑われるからです。

そうした意味でも、漢字力を徹底させるべきなのです。

ことばが豊かになると人間性も高まります。

対義語は論を展開するときの核になる

ことばには対義語、類義語、慣用句、ことわざなどもあります。漢字だけでなく、こうしたことばを習得するのも大切です。

とくに対義語は、論理を構成する上で役に立ちます。人間は対立する考え方を比べながら思考していくというクセをもっているからです。

たとえば「権利」と「義務」とか、「客観」と「主観」とか、対立するふたつの概念にそって考えるというのが論理的思考の基本です。

一見複雑に見える文章でも、ふたつの概念を対立させて論を展開しているものが多いのです。

ですから、**対義語をきちんと把握できれば、文章読解はとても楽になります。**

四字熟語は知的な楽しみ

わたしは以前、『えんにち奇想天外』（ほるぷ出版）という四字熟語絵本をつくりました。

「お兄ちゃんは優柔不断だね」とか、「それは一挙両得だね」などと、四字熟語を使った会話で物語が進んでいくのです。

絵本に四字熟語なんて必要ないと思われるお母さんもいるでしょう。たしかに、意味は把握しきれないかもしれません。でも、子どものうちからことばの響きだけでも知っておくことは大切なのです。

「弱肉強食」と答えるべき問題に「焼肉定食」と答えてしまうような、四字熟語をまったく知らない若い人が増えています。子どもの頃からことばの響きを知っていれば、このようなことは防げるはずなのです。

四字熟語というのは事態を一挙に把握できることばです。

ですから、**四字熟語を使いこなせる人は、ある程度の知性・教養の持ち主**ということになります。

置かれた状況を四字熟語で表現するのはけっこう楽しいものです。リズムもよく、日本人の知的娯楽のひとつだと思います。

日常会話の中でも四字熟語をどんどん使って、お子さんと事態把握の訓練をしてみましょう。

日本語の奥行を表す慣用句

日本語力は慣用句のテストをするとだいたいわかります。

慣用句は、ふたつ以上のことばが合わさって、そのことばからは想像もできない特別な意味を表します。

このことから、**日本語の奥行の深さは慣用句にある**といえるかもしれません。

慣用句は昔だったら、おじいちゃん、おばあちゃんと暮らしていれば、自然に身についたものでした。いまはそういう日本語の資産を受け継ぐことのできる環境が少なくなっています。

ですから、慣用句のトレーニングも意識的に行なってほしいと思います。

ことわざを知っていると冷静になれる

ことわざを知っていると冷静になれる、といったら驚かれるでしょうか。

たとえば、泥棒を捕らえてから縄をなう「泥縄」ということばがあります。「事が起こってからあわてて用意をする」ことをいましめたことわざです。

試験の勉強をしていて、「ああ、泥縄だ」と言える子どもは、「前日になってあわててやっても間に合わない」と冷静に自分の行動を把握し、反省しているのです。

何か失敗したときに、「二度あることは三度ある」とか「仏の顔も三度まで」と言ったときには、自分が悪いとわかっているのです。

「早くやらなきゃ」と焦るのではなく、「急《せ》いては事をし損じる」とか「急がば回れ」などと自分に言い聞かせていれば、そういうふうに状況を客観的に把握することで、現実に対してしっかり対処しているのです。

ですから、ことわざを的確に使える子どもというのはキレにくいのです。ことわざを通じて、状況を冷静に見ているのです。

「やっぱり喉元《のどもと》過ぎれば熱さを忘れるって、このことだね」とか、「バカヤロー」「あいつ、ムカつくんだよ」という代わりに、「とんびに油揚げさらわれたな」ということで気持ちをおさめていくのです。

生活の知恵が凝縮していることばですから、「世の中とは、こういうふうになっているんだ」ということが自然とわかってもきます。

ことわざは、ときに「言技《ことわざ》」と書かれるように、**ことば自体が技になっていて、生きていくための知恵を伝承しているもの**なのです。

わたしの私塾「齋藤メソッド」では、ことわざのトレーニングを大量にやります。

方法は一問一答式で、たとえばわたしが「悪事」と言ったら、子どもは「千里を走る」と答えます。「坊主憎けりゃ」と言ったら「袈裟《けさ》まで憎い」、「さばを」と言ったら「読む」という具合です。

こうして60個のことわざを1分くらいで言えるようになるまでトレーニングしています。

日常会話の知的水準を上げる

親が使うことばと子どもが使うことばは非常に関係が深いものです。

ですから、「ことばの学習は子どもだけがやればいい」と思わないでください。

お母さんも、日常の会話の中で、積極的に熟語や慣用句やことわざを使ってください。

たとえば、子どもが謙遜《けんそん》するような場面があったら、「おっ、能ある鷹《たか》は爪《つめ》を隠すね」と言ってみます。

何か八方ふさがりの状況に陥ったら、「四面楚歌《しめんそか》って感じよね」と言ってみたりするのです。

それが少しむずかしければ、国語ドリルの問題を親子でゲームのように出し合うだけでもいいのです。

知的なことばを使う会話を親子の対話のベースにしていってもらいたいと思います。

ことばの学習全体にいえることですが、日常会話の知的水準を上げることで子どもが使うことばのレベルもアップします。

まず、お母さんがそのことを意識していただきたいと思います。

読解問題ができる人は頭が良いといえます。

社会に出ると文脈力が求められる

わたしが考える頭の良さのひとつに「文脈力を身につけている人」があります。**どういう文脈で話が流れ、だれがどう考えているかを把握する能力です。**

これが身についていないと、複雑な仕事を行なうのはまず無理です。わたしたちは仕事において、チームや組織の中で高度な判断を次々に行なわなければなりません。お子さんも、やがては社会に出てこうしたことに直面するでしょう。

このとき欠かせないスキルとなるのが文脈力です。

わたしも経験しましたが、文脈力のない人と一緒に仕事をしていると、「とても面倒を見切れない。チームから外れてくれないか？」と言いたくなります。

「場の空気を読め」というフレーズがよく使われますが、場を読む力とは、いくつかの文脈を読み取る力のことです。

これまでの話の流れ、その場にいる人がいままでどう考えてきているか、どういう価値観の持ち主であるのか、こうしたことをすべて読み取って行動することが大切なのです。

文脈力を鍛《きた》えるには、日常的にさまざまな人と接して自然に覚えていくのが理想です。とくに年代のちがう人と一緒に生活するのがいいのですが、現代は核家族化が進み、なかなかそうもいきません。

では、どうしたら文脈力を鍛えることができるのか。それは、**文章読解の問題を解くこと以外にありません。**

文脈力が鍛えられれば、それがベースとなって、さらに高度な能力を身につけることができるのです。

まったく練習されていない読解力

1章でもお話ししましたが、日本の子どもの読解力はずいぶん低下してしまいました。ここまで落ちてしまった原因は、はっきりしています。

読解の問題を解いていないからです。

読解問題そのものを国語の授業ではほとんど解かないのです。だから、OECDのテストもできなかった。試合でやらなければいけないことを練習していないのですから、できないのも当たり前です。

では、授業では何を練習していたのか。**じつは何も練習していない**のです。

学校の教科書では、ひとつの簡単な作品を5～7時間かけて読んでいます。そして、先生と一緒に読み解いた問題が、テストに出題されるのです。

これは答えのわかっていることを、もう一度聞いているだけですから、読解力を試すテストではありません。

覚えてしまえば、だれでもできる確認テストです。そんなことをやっていて国語力がつくはずはないのです。

読解力とは、初めて見た文章の意味を理解し、要旨を読み取る力です。たくさんの読解問題を練習しなければ身につけることはできません。

読解力は3色ボールペンで鍛える

読解力を徹底的に鍛える術があります。

使用するのは3色ボールペンです。

「青」＝まあ大事
「赤」＝すごく大事
「緑」＝おもしろい

これを基準にして、文章に3色ボールペンで線を引いていきます。この作業には主観と客観を分ける練習をする意味があります。

3色の中の**「青」と「赤」というのは客観的な視点**です。客観的な視点というのは、「ほかの人もここを大切だと思うだろう」ということです。

青線は、読んだ人はそれぞれ大事だと思うところがあるだろうが、このあたりなら共通理解が得られるだろう、みんなが大事だと思うだろうという部分に引きます。

そして、ここはすごく大事なはずと思うところには赤線を引きます。

また、この言い方はおもしろい、この表現はうまいなと思うところや好きなところには**「緑」の線**を引きます。ここには**主観的な視点**があるはずです。

文章を読む上で客観的な認識能力を鍛えるとともに、主観的な感性、センスを殺さないということはとても大切なことです。

官僚の書く文章や白書には感性がまったく盛り込まれていません。感性ゼロです。そのような文章ばかりに接していると感性は確実に衰えます。感性が衰えるとアイデアがわかなくなり、現代ではビジネスができなくなります。緑の線を引いて主観的感性を磨く理由はここにあるのです。

どういう本を読むべきか？

わたしは読解力を鍛えるには、それだけ**価値のある骨のある名文を読むべき**だと考えています。

以前、『理想の国語教科書』（文藝春秋）という本を編纂《へんさん》したときには、そうした考えから、夏目漱石『夢十夜』、シェイクスピア『マクベス』、小林秀雄『人形』、宮沢賢治『学者アラムハラドの見た着物』、小林秀雄『モオツァルト・無常という事』、幸田文《あや》『なた』、森鷗外《おうがい》『杯』、G・ガルシア＝マルケス『百年の孤独』、福沢諭吉《ゆきち》『福翁自伝』などを選びました。

この教科書は小学校の中・高学年以上を対象にしたものです。

わたしがこれらの文章を選んだポイントは3つあります。

ひとつは**勢いがあって魂が伝わってくるような「すごみ」**があること、次に、**未来への希望がかき立てられるような「あこがれ」**をいだかせること、そして、**いかに生きるべきかを問う「生の美意識」**を含んでいることです。

そして大事なのは、筋がはっきりしていることです。子どもがその文章の筋をつかんで味わえなければ意味がないのです。

これらの文章は、子どもが読んでもすばらしいと感じるはずのものです。すばらしくて筋のはっきりしている作品が、漢字などのことばがむずかしいという理由で小学校の教科書に取り上げられないのは、残念なことだと思います。

親子読みを実践する

では、こうした文章をどのように読んでいくかを実践してみたいと思います。

問題文は国語力のドリルにも入れた小林秀雄の『考えるヒント』に収められている「人形」です。「わたし」が、急行列車の食堂車で背広を着せた人形に食事を与える老夫婦に遭遇した話です。3色ボールペンの用意はいいでしょうか。

では、始めましょう。

最初にお母さんが声を出して本文を読み、子どもは文章を目で追います。これはいわゆる「読み聞かせ」です。そのあと、3色で線を引かせます。

「人形」

ある時、大阪行の急行の食堂車で、遅い晩飯《ばんめし》を食べていた。四人掛けのテーブルに、私は一人で座っていたが、やがて、前の空席に、六十恰好《かっこう》の、上品な老人夫婦が腰をおろした。

細君《さいくん》の方は、小脇《こわき》に何かを抱えてはいって来て私の向いの席に着いたのだが、袖《そで》の蔭《かげ》から現れたのは、横抱きにされた、おやと思うほど大きな人形であった。人形は、背広を着、ネクタイをしめ、外套《がいとう》を羽織《はお》って、外套と同じ縞柄《しまがら》の鳥打帽子《とりうちぼうし》をかぶっていた。気付《きつけ》の方はまだ新しかったが、顔の方は、もうすっかり垢染《あかじ》みてテラテラしていた。眼元《めもと》もどんよりと濁《にご》り、唇《くちびる》の色も褪《あ》せていた。何かの拍子に、人形は帽子を落し、これも薄汚《うすぎたな》くなった丸《まる》坊主《ぼうず》を出した。

細君が目くばせすると、夫は、床から帽子を拾い上げ、私の目が会うと、ちょっと会釈《えしゃく》して、車窓《しゃそう》の釘《くぎ》に掛けたが、それは、子供連《づ》れで失礼とでも言いたげなこなしであった。

もはや、明らかな事である。人形は息子に違いない。それも、人形の顔から判断《はんだん》すれば、よほど以前の事である。一人息子は戦争で死んだのであろうか。夫は妻の乱心《らんしん》を鎮《しず》めるために、彼女に人形を当てがったが、以来、二度と正気《しょうき》には還《かえ》らぬのを、こうして連れて歩いている。多分そんな事か、と私は想《おも》った。

夫は旅なれた様子で、ボーイに何かと注文していたが、今は、おだやかな顔でビールを飲んでいる。妻は、はこばれたスープを一匙《ひとさじ》すくっては、まず人形の口元に持って行き、自分の口に入れる。それを繰返している。私は、手元に引寄せていたバター皿から、バターを取って、彼女のパン皿の上に載せた。彼女は息子にかまけていて、気が付かない。「これは恐縮《きょうしゅく》」と夫が代わりに礼を言った。

そこへ、大学生かと思われる娘さんが、私の隣に来て座った。表情や挙動《きょどう》から、若い女性の持つ鋭敏《えいびん》を、私はすぐ感じたように思った。彼女は、ひと目で事を悟り、この不思議な会食に、素直《すなお》に順応《じゅんのう》したようであった。私は、彼女が、私の心持《こころもち》まで見てしまったとさえ思った。これは、私には、彼女と同じ年頃の一人娘があるためであろうか。

細君の食事は、二人分であるから、遅々《ちち》として進まない。やっとスープが終ったところである。もしかしたら、彼女は、全く正気《しょうき》なのかも知れない。身についてしまった習慣的行為《しゅうかんてきこうい》かも知れない。とすれば、これまでになるのには、周囲の浅《あさ》はかな好奇心《こうきしん》とずい分戦わねばならなかったろう。それほど彼女の悲しみは深いのか。

異様《いよう》な会食は、ごく当り前に、静かに、あへて言えば、和《なご》やかに終ったのだが、もし、誰かが、人形について余計《よけい》な発言でもしたら、どうなったであろうか。私はそんな事を思った。


理想をいえば、親子でそれぞれが問題文をもって、別々に線を引くというやり方がいいでしょう。

「自分は国語の先生じゃないからわからない」なんて思わずに、自由に線を引いてください。

「まあ大事」と思うところに「青」を、「すごく大事」と思うところに「赤」、自分が「おもしろい」と感じたところに「緑」の線を引きます。

そしてお互いに線を引き終わったら、「どこに線を引いた?」と聞いてみましょう。

わたしなら、**「人形は息子に違いない」「それほど、彼女の悲しみは深いのか」**に赤線を引きますが、わたしとお母さんがちがっていてもかまいません。もちろん、お子さんが線を引いた部分についても同じです。基本的に否定しないことが大切です。

赤線が的外《まとはず》れなこともあるでしょう。そういう場合は、「そこはまあいいところだよね」とか、「そこは緑でもいいかもね」と言ってあげましょう。また、「いいところに引いたね」とほめることばも忘れずにかけてあげるのです。

その上で、「ここも赤じゃないかな。いちばん中心みたいに思えるけど」と教えます。

なぜそこに引いたのかをいちいち聞いてはいけません。答えられる子ならいいのですが、答えられない子は自信を失ってしまいます。

はじめのうちは、お母さんなりの赤、お子さんなりの赤を大切にしてください。トレーニングを積んでいけば、しだいに同じ部分を赤だと思うようになるでしょう。

大切なのは、ひとつの文章や作品をめぐって、親子で会話をするということです。

くれぐれも「そのとき主人公はどんな気持ちだったの?」などと質問したり、解釈してあげたりするのはやめてください。親子で一緒に読書しているつもりが、「あっ、勉強だ」とうんざりしてきます。

あまり時間をかけず、次々に読んでいってください。1時間もあればふた

『やる気のワーク　最強の国語力』（旺文社）に掲載した読解問題用の作品

杉浦日向子《ひなこ》『大江戸美味草紙』
辺見　庸《よう》『もの食う人びと』
夏目漱石『坊っちゃん』
落語『粗忽《そこつ》長屋』
岡本太郎『今日の芸術』
群《むれ》ようこ『またたび回覧板』
アーサー・コナン・ドイル『シャーロック・ホームズの冒険』
宮部みゆき『火車《かしゃ》』
坂口安吾《あんご》『恋愛論』
青木　玉《たま》『幸田文《あや》の簞笥《たんす》の引き出し』
沢木耕太郎『彼らの流儀』
山田詠美《えいみ》『風葬の教室』―大根を半分―
阿刀田高《あとうだたかし》『ギリシア神話を知っていますか』
開高《かいこう》　健《たけし》『オーパ！』
司馬遼太郎『竜馬がゆく』
モンゴメリ『赤毛のアン』
梅原　猛《たけし》『新しい時代を創造する賢治の世界観』
小林秀雄『考えるヒント』―人形―
山崎豊子『白い巨塔』
町田　康《こう》『爆発道祖神《どうそじん》』
谷崎潤一郎『陰翳礼讃《いんえいらいさん》』
星野道夫『もうひとつの時間』
ドストエフスキー『罪と罰』
山本周五郎『さぶ』

つの文章は読めるはずです。

国語力ドリルの読解問題をつくるにあたっても、考え方はまったく同じで、前のページの一覧表にあげたようなラインナップになっています。ドリルの場合、収録できる文章の量が短くなりますから、内容の濃い部分を選んで掲載しています。

小学校の教科書と比べたら、信じられないほどハイレベルなドリルです。おそらくお母さんが読まれても、「ほう」と感心していただけると思います。問題を解かなくても、読んでいるだけで楽しいのではないかと思います。

わたしは意味のないもの、内容の薄いもの、センスの悪いもの、言語表現が豊かでないものは教材として使いたくありません。**意味があり、なおかつ著者のセンスが生きていて、表現が豊かであるものを選んでいます。**

ほんとうにいい文章は、大切なことが何かをはっきり教えてくれるのです。

このドリルでは、まず慣れてもらうために、3色に色分けされた文章を用意しました。ほんとうは何も手を入れていない文章の上に、自分で3色の線を引きながら読むのが理想です。

ドリルに限らず、これからは**どんな文章を読む場合でも3色ボールペンで線を引きながら読むことをおすすめします。お子さんにも、お母さんにもです。**

読書は知的活動の土台

なぜ読書は大切なのでしょうか。

最近では、本は読むべきだという大前提が崩れて、別に読まなくてもいいのではないかという風潮があります。ほとんどの学生には本を読む習慣がありませんし、本を読む価値さえわかっていません。

わたしは学生に向かって、「本を読まないものは大学生ではない」と強調し続けます。すると中には、「本を読む、読まないは個人の自由だと思います」という学生がいるのです。

わたしは答えます。

「本を読む、読まないは自由ではないよ。サッカー選手がドリブルの練習をするように、力士が四股《しこ》を踏むように、**読書は知的活動の土台をつくるものだから、本を読む習慣をつけることはどうしても必要なんだ**」

学生たちがディスカッションしているのを聞いていると、どの学生に読書習慣があって、どの学生にはないのかがすぐにわかります。

読書量の多い学生ほど論理が緻密《ちみつ》なのです。

もちろん、読書の習慣のない学生でも、おもしろい意見を言うことはできます。ですが、ディスカッションが複雑になってきたときに、読書習慣のない学生は論点の振り分けができなくなってしまうのです。

物事を論理的に考えたり、筋道立てて説明していくには、やはりトレーニングが必要で、そのもっとも有効な方法が読書なのです。

本を一冊読み通すためには、嫌でも**著者の思考に寄り添わなければなりません。**反発を感じる文章もあるだろうし、理解できない表現もあるでしょう。それでも、著者の考えに自分の思考を重ねていくという作業が必要になります。これは重要な知的行為です。

こうしてわたしたちは、**自分よりすぐれた人の考えに耳を傾けることの大切さ**を覚えていくのです。

自分の価値観だけにしばられて、人の考え方を受け入れられない人は、対話の幅が狭くなってしまいますし、先程の論点の振り分けもできないのです。

ドリルの問題文やテストなどで名文に触れ、気に入った作品があったら、その作品の全文を読んでみてください。そしてもっと気に入ったら、その作家のほかの作品も読んでみてください。**自分の中に作者を住まわせることによって、自分が豊かになっていくのを感じる**ことができるでしょう。

読書の習慣はこうして身についていくのです。

4章 算数力をつける

算数力は生きていくのに不可欠です。

情報処理能力、段取り力が身につく

お母さん、まさか「算数や数学なんか勉強したって社会に出たら役に立たない」などと思ってはいませんよね。

算数には、情報処理能力や論理的思考能力、段取り力など、生きていく上で必要不可欠な要素が満載されています。

たとえば、**情報処理能力とは脳の回転の速さ**です。正確に、緻密《ちみつ》に、すばやく回転する脳はどんな仕事をする上でも必要です。

この能力が高まると、何事にも余裕をもって取り組めるようになります。

頭の回転が速ければ、どんな状況にあっても余裕をもって対応することが

できます。反対に、回転の遅い人は感情を処理するスピードも遅いので、キレやすくなる傾向にあるのです。

論理的思考能力とは、何かを人に説明するときに必要な力です。たとえば「AはBだ。BはCだ。だからAはCだ」というように、事実を積み重ねて相手を説得する能力です。

人生で因数分解する場面というのはほとんどないかもしれません。でも、**因数分解するときの考え方は必要**なのです。どうやったらより整理できるか、しかも美しく整理する方法はないかと考える場面はいくらでもあります。

基本的に、**数学というのは効率性をもった美しさ、機能美**です。ですから、**整理した結果を美しいと思える感性を磨く**ことにもなります。

さらに段取り力です。段取り力はあらゆる作業を行なうときの基本となるものです。これはあとでくわしくお話しますが、文章題を解くことで身につく力です。

脳の基本的な機能を高めたり、考え方の手順を身につける。これが算数を勉強する最大の目的です。

算数を国語力で勉強する

算数の学習は、解き方のパターンだけを覚え込む方法と、解き方の意味をじっくり考えさせる方法に分かれがちです。

これらはどちらも極端な学習法です。

自分のやっていることの意味を説明できないのも問題ですし、一方で、「マイナスとマイナスをかけると、なぜプラスになるのか?」について、ずっと考え続けるのも問題です。

わたしは、ノーマルな算数の問題の解き方を、きちんとしたことばで説明させる練習こそが算数力を高めるコツだと考えています。**解き方の段取りを、ことばで順序立てて論理的に説明する、つまり算数を国語力で勉強する**

のです。

これは、わたしだけがいいと思っている方法ではありません。

数学の先生や数学者、あるいは化学や物理の先生たちに、ことばで解き方をきちんと説明できる能力の必要性をたずねたところ、全員が必要だといってわたしの考えに賛成してくれました。

数式を見た瞬間に頭が〝フリーズ〟してしまう子ども、文章題になるとまったくできない子ども、あるいは解いていることは解いているけれど、自分が何をやっているのかがわからない子どもたちがじつに多いのです。

自分がいまから「何をするか」「それにはどうしたらいいか」を声に出しながら算数の問題を解いていくことで、すべて解決できるのです。

計算や図形・数量の学習がもたらすもの

わたしは「算数を国語力で勉強する」を実践してもらおうと、『やる気の

ワーク　最強の算数力』（旺文社）というドリルをつくりました。

このドリルでは、まず学校の教科書の内容を、「計算」「図形」「数量」「文章題」というカテゴリーに整理しました。

計算の章では、たし算、かけ算、小数や分数の計算などをすばやく正確に行なうトレーニングをします。

計算を速く正確に、かつ大量に行なうことで**脳の情報処理能力を上げる**ことができます。あらゆる仕事の素地となるとともに、判断の速さにも結びつきます。

また、計算問題を解くという行為は、5章でお話しする音読と並んで、脳を活性化させる手段としても有効ですから、勉強のウォーミングアップに最適といえます。

図形の章では、図形の性質を理解し、それらを利用して解答まできちんと説明するトレーニングをします。

図形の問題は論理的に物事を考える基礎になります。たとえば「三角形の内角の和が180度である」とか、「平行四辺形の向かい合った角の大きさは等しい」などの真理をひとつずつ積み重ねて答えを導いていきますが、これは仮定や条件から結論を導き出すという論理的思考の基礎となるものです。

数量の章では、割合や比率の性質を理解します。割合は比率がわかるというのはたいへん重要なことです。

たとえば1000円の3割引、2割増などということが、瞬間的にわからないと日常生活に支障をきたします。また、人間は行動の判断基準として、統計調査などの割合を用いています。現実を把握する上で非常に重要なのです。

以上、3つのカテゴリーは算数の基本技で、脳をトレーニングするメニューです。ここで十分に鍛《きた》えたら、次に文章題にチャレンジしてください。**算数力の目標は文章題が解けること、仕事に必要な段取り力を鍛えることにあります。**

文章題の章では、問われているものは何かを理解し、それを解くには何をどのような順番でやっていけばよいかを考える力をトレーニングします。ドリルでは、入試レベルで出題頻度が高く、かつオーソドックスな良問を例題に取り上げました。

では、算数を勉強する意義やトレーニングの方法をもっと具体的にお話ししていくことにしましょう。

算数はきちんと積み上げなければいけない教科です。

算数がわからないと学校が嫌いになる

まず、算数という教科の特徴を知っておいてください。

算数は、積み木のようにひとつひとつ積み上げていく教科です。国語が入口のたくさんある大きな平屋《ひらや》の家だとしたら、算数は入口がひとつしかない高層マンションです。

社会や理科なら、「古代は苦手だけど、近代は得意」とか、「宇宙や星座がわからなくても、たんぽぽのことはよく知っている」ということがあります。

ところが算数は、「整数のわり算ができないのに分数のわり算ができた」とか、「中学校の数学は全然わからなかったのに、高校の数学はできた」なんてことはあり得ません。

まして、「小学校の算数はわからないけど、東大の入試問題はできる」などということは絶対にないのです。

やっかいなことに、**わからなくなったときにやり直すのがむずかしいのも算数の特徴**です。どこからわからなくなったのかも、わかりにくいのですから困りものです。

だから、ちょっとでも足を踏みはずしてしまうとたいへん危険なことになります。

学校が嫌いになってしまういちばんの原因は、「授業がわからない」ことです。そして、**わからなくなる教科でもっとも多いのが算数**です。

算数をひとつひとつ積み上げて勉強していくことができないと、算数がわからなくなり、数学が嫌いになり、学校が嫌いになってしまうのです。

人生の選択肢の幅を広げる

道をはずしてしまうとまではいかなくても、算数、数学が苦手では理系へは進めません。

たとえば、生物、宇宙、機械や、食物、住居などに興味をもち、勉強しようと思ったら理系の学部に進むことになります。

こうした科学技術は、基本的に数学を基礎として成り立っています。ですから、理系の学部をめざすなら数学は必須《ひっす》なのです。

数学が苦手では、こうした道が閉ざされてしまいます。

実際、「数学ができないから」という消極的な理由から文系に進む学生は多いのです。理系の科目もできて文系に進む学生もいますが、それは少数派。**数学ができないことが進路の選択肢を少なくしています。**

こうして、数学が苦手な子どもの多くは私立大学の文系に進むことになります。でも安心はできません。文系にも数学に関係する学問はあります。たとえば経済学です。

文系だと思って経済学部に進んでも、数学ができないと授業についていけません。高度な統計や微分積分が当たり前のように使えないといけないのです。

これは進路だけでなく、職業の選択にもいえることです。

「建築家になりたい」「医者になりたい」と、お子さんがせっかく**なりたい職業を見つけたのに、算数、数学ができないというだけであきらめなくてはならない**としたら、かわいそうだと思いませんか。

先のことを考えると、いまのうちから算数をきちんと勉強して、数学が苦手にならないように十分な基礎学力をつけておくべきです。子どもの可能性を早くから限定させないようにしてください。

それが結局は、人生の選択肢の幅を広げることになるのです。

計算をすばやくする訓練は仕事をする上で大切です。

計算練習は情報処理能力を高める

算数は基本的には、効率の良さを追求するものです。

計算するときには、まちがいが少ない方法をとります。事故になりそうなルートは通らないで、もっとも安全なルートを通るのです。

計算問題を行なう上で大切なのは、手順をまちがえない、ルールをまちがえないことはもちろんですが、いちばん大切なのはスピードです。

計算問題はまちがえないのは当たり前で、いかに速くするかに意識を集中させるべきです。

50メートル走や水泳のタイムを縮めるのと同じように、計算のスピードを上げていってください。

前にもお話ししたように、お母さんは**ストップウオッチを用意して、タイムを計る**ようにします。

たとえばドリルや問題集をやる場合、１ページを「何分何秒」でクリアしたかをストップウオッチで測定します。計ったら記録をとっておき、次回は記録更新をめざします。

こうしたトレーニングを繰り返すうちに、子どもの脳が正確に、しかも速く働くようになります。

これは情報処理能力アップのためにも欠かせない基礎トレーニングです。

基礎トレーニングはどんなにやっても、やりすぎということはありません。「鉄は熱いうちに打て」というように、脳の鍛練は早いうちにやっておくべきです。

スポーツと同じようにヘトヘトになるまでやってほしい。ヘトヘトになってはじめて身についていくものなのです。

情報処理が速いと余裕ができる

お母さんもご存じでしょうが、いま、突然キレてしまう子どもがたいへん多くなっています。

キレる、キレやすいといった症状は社会的な問題です。原因の半分は、子どもと家庭、地域、学校の間のコミュニケーション障害にあると思いますが、そのほかの原因のひとつとして、脳がきちんと回転していないことがあげられます。

心の余裕は、脳の余裕です。脳が猛スピードで回転すればするほど余裕が出てきます。

余裕ができると、いかなる状況に置かれても冷静に対応できるようになり、ピンチに強くなれるのです。

反対に、脳の回転の遅い人は余裕がまったくなく、いつも「あっぷあっぷ」しています。感情の処理も遅く、瞬時に複雑な判断をすることもできないので、わけもわからずイライラします。

だから、何かが起きるとすぐにキレてしまうのです。

たとえば、足を踏まれたとたんに相手を殴ってしまう子どもがいます。そういう子どもは情報処理のスピードが遅く、自分の感情をうまく処理できていないのです。

足を踏まれれば、だれだって「痛い、何するんだ！」と思います。これは当然です。

でも、脳がしっかり働いて情報処理の速い子どもなら、すばやく状況を把握し、「この人は自分のほうを見ていなかったのだからしかたがない」とわかるでしょう。

ですが、脳が働いていないと、「痛い、何するんだ！」と思うのと同時に相手に殴りかかったりしてしまうのです。

お子さんに情報処理能力を身につけさせ、ぜひとも心に余裕をもたせてあげてください。

成功する経営者は計算が速い

計算を速く正確に、かつ大量にすると、脳が情報を処理する力を上げることができます。

脳が**情報を処理する力というのは、働くときの基本となる力**です。

「ああしよう」「これにしよう」「それはダメだ」という判断ができる人、それも速くできる人は、計算力のある人です。

わたしは経営者の方と会う機会が多いのですが、**成功する経営者はみんな概算が速い**。「およそこれくらいだったら損はしない」「このくらいだったら採算がとれる」ということを瞬時に計算してしまいます。だから、その企画を実行する、しない、という判断も速いのです。

図形問題は論理的思考の基礎をつくります。

仕事では論理的思考が求められる

図形の問題は論理的に物事を考える基礎になります。

図形問題を解くときは、「平行四辺形の向かい合った角の大きさは等しい」などといった、すでに真実だと証明されたことをひとつずつ積み重ねて答えを導いていきます。**客観的な事実を示しながら、自分の考えをまとめていくのです。**

これは何かを説明するトレーニングにもなります。

「クロっていったらクロなんだよ！」などとただ主張していても、だれも納得してはくれません。

上手に説明のできる人というのは、「すでに真実だと証明されたこと」「みんながそうだと思っていること」を示した上で自分の意見を相手に伝え、説得していくものです。

弁護士が法定で話をするときをイメージしてみてください。

「犯行が起きた時刻は午後9時。同時刻に被疑者は友人3人と食事をしていた。よって被疑者は犯行現場に行くことが不可能である」と説明していきます。

もちろん、弁護士は図形を使いませんが、**その論理的な説明は図形の証明問題の解き方と同じ**です。

図形の証明問題は、何が条件で何が結論なのかをいつも意識しながら、段階を飛ばさずにひとつひとつの工程をしっかりと組み立てていく作業です。結論への見通しをつけ、そこへ向けてきちんと段取りを組んでいく論理的思考力は、さまざまな仕事において不可欠なものなのです。

仕事をするには説得する力が必要

小学校の高学年のうちから、図形の問題をおもしろいと思う子どもは、緻《ち》密《みっ》な議論ができるようになります。

大人でも会議をしていると、仮定を崩《くず》したり、条件を無視した意見をいう人がたまにいます。結論をどこにもっていくのかがわからない人もいます。議論のプロセスがめちゃくちゃな人もいます。

そういう人たちと議論していると、この人は熱意はあるけど、数学はまったくできないのだな、とわかるのです。

お子さんが将来、自分の好きな仕事に就いて、企画を考えたとします。大きな仕事をやるとなれば、多くの人の賛同を得なくてはなりません。そういうときに**きちんと説明する力、反対者を説得する力が必要**になります。論理的にめちゃくちゃでは通用しないのです。

数量を把握する力があるとピンチを避けられます。

人生における判断の基準となる

数量を把握する力は、判断力の基本になるものです。

人生は、「AとB、どちらにしたらいいのか？」という判断の連続です。

人生は「やる」か「やらないか」なのだという人もいます。

そうした判断をするときに基準となるのがこの力なのです。

とくに割合、比率は重要です。前にも例に出しましたが、たとえば「100円の3割引はいくらか？」「500円の2割増はいくらか？」ということが瞬時にわからないと、それだけで日常生活で損をします。しかし問題はそれだけではありません。

この力のあるなしによって、人生の危機を回避するか、あるいは自分から危険に飛び込んでいってしまうかが決まってきます。

たとえばカードローン。カードローンの説明には「実質年率15%」などと書いてあります。そのとき、「いま100万円借りたら、合計でいくら返さなくてはならないか?」が大ざっぱにでもわからないととんでもないことになります。

たいしたことはないだろうと多額の借金を背負い込み、返せなくなって別のカードローンで充填《じゅうてん》する。こんなことをやっていたら身の破滅です。

大切なのはおおまかな量をつかむこと

算数の数量の項目では、量と比率の関係がポイントになります。

量の世界というのは、たとえば「6キログラム」とか、「14キロメートル」とか、目に見える形で表されるものです。比率というのは、全体を10とした場合に6キログラムと14キログラムは「3対7」だということです。

比率は、「だいたいどれくらいの量なのか」を見定めるときに使います。

たとえば統計調査を見て、「国民の何割がこう考えているか」がわかるということは、現実を把握する上で非常に重要なのです。

「国民の統計」などというとオーバーかもしれませんが、この考え方は日常的にも使えます。

たとえば、わたしは授業内容がどれくらいわかったかを学生に手をあげてもらって把握します。

「ここまでのポイントがものすごくよくわかった」「いまいちよくわからない」のふたつに分けて手をあげてもらう。そして、その割合によって次の発言を変えていくのです。

いちいち何人と数えなくても、「わかっているのはだいたい3割だから、次に進まずに、例題をもう1問やってみよう」とか、「およそ8割がわかっているから、次へ進もう」と判断できます。

数量というのは、現状を把握して次の行動をするための基準になるわけです。

企業が行なうマーケティング・リサーチもすべてこういう考え方です。「この商品を買った人の6割はこう考えている」という調査結果を受け、新商品を開発していくのです。

そのほか仕事をするときは、常にコストパフォーマンスを意識しながら働きます。コストパフォーマンスというのは、かかった費用や作業量とその成果との比較のことです。どれだけの時間や費用をかけて、どれだけのメリットがあるかという計算です。

コストパフォーマンスを計算するには、それぞれの数量を的確に把握しておかなければなりません。そして、その計算をもとに費用や作業量を調整します。

常におおまかな量をつかむ能力こそが、次なる行動を決定づけていく基準となるのです。

文章題は段取り力をはぐくみます。

文章題こそが算数の本丸

小学校の算数でいちばん大切なのは、文章題が解けるようになることです。これからお話ししていく**文章題こそが算数の勉強の本丸**となります。

文章題は、これまでにお話しした計算、図形、数量といった基本的な力を武器に解いていきます。

計算、図形、数量の問題にチャレンジする目的は、「脳を鍛《きた》える」「考え方を学ぶ」ことでした。

では、文章題を解く練習で鍛えるのは何か。

それは、段取り力をつけることです。

文章題に取り組むときに考えなくてはならないのは、**「ここでは何が問題とされているのか」「その問題を解決するにはどうしたらいいのか」「何がわかれば解決できるのか」**ということです。

つまり、**文章題を解くカギは「仕事の段取り」をつけることと同じ**なのです。

段取りをつけられれば、7割はできたとみなしていいと思います。

もしわたしが採点者なら、「この文章題はこういう段取りで解きます」と説明できた時点で7割は正解とします。

なぜなら、残りは計算だけなのですから。

計算を軽んじるわけではありませんが、現実の社会では、最後の計算部分をコンピュータが処理していることが多いのです。

ですが、「何が問題なのか」「解決するにはどうしたらいいのか」「何がわかれば解決できるのか」を考え、解答への段取りをつけるのはコンピュータではできません。

これこそが、人間が本領を発揮する場面なのです。

段取り力はすべての行動の根本になる

「段取り力」はあらゆる行動を起こすときの、もっとも大切な力です。

「仕事の段取りをつける」というように、事を運ぶ手はずをあらかじめ整えておく能力です。

段取り力が必要な身近な例は料理です。料理ほど段取りが命となる例はほかにないといえるかもしれません。

自分の思い描いたごちそうに向かって、材料を用意し、手順や調理法を考え、鍋やフライパンなどの道具を整えていかなければならないのです。

たとえば、カレーをつくるシーンを思い浮かべてください。

まず、材料のジャガイモ、タマネギ、ニンジンなどの皮をむきます。次に肉と野菜をいため、水を入れて煮る。そしてカレールーを入れ、しばらく煮込んでできあがりです。

家庭によって多少の差はあるでしょうが、これがカレーをつくるためのオーソドックスな段取りです。

段取り力のある人は、時間をむだなく使ってこれらのことができるはずです。

でも、段取りが悪い人は、いきなりお湯の中にルーを入れてしまったり、肉をいため始めてから、タマネギがないことに気づいて買いに行ったりすることになるのです。

これではおいしいカレーはできません。

仕事も同じです。

「まずは、概要を理解してもらう書類をつくって、それをお客さんに見てもらおう。次のステップはそのあとだ」などと段取りを決めてから始めます。

チームで仕事をする場合には、さらなる段取りが必要です。

「きみは明後日までに書類をつくってくれ。それをもって、ぼくがお客さんのところへ行くよ」というふうに、**仕事の成否は、それを取り仕切る人の段取り力にかかってくる**のです。

プロジェクトの全体を指揮するリーダーは、事前に状況をシミュレーションし、プロジェクトが動き出してからも、展開を読みながら、さまざまな動きをしていかなくてはなりません。

段取り力は、ビジネスの世界や人間関係の場では不可欠な力です。社会に出てからもっとも必要な力といってもいいくらいです。

段取り力とはポイントを見抜く力

そういうわけで、わたしは子どもたちの段取り力をアップさせる方法をいくつか考えてきました。

少し算数とは離れてしまいますが、そのうちのひとつを紹介します。

『ミスター・ビーン』のシナリオづくりです。『ミスター・ビーン』のビデオを5分くらい小学生に見せて、笑った場面を「段取りシート」に書くというものです。

たとえば、

①ビーンがパジャマのまま家から出てきた。
②家の前に牛乳配達の車がきた。
③ビーンが勝手に牛乳を飲んだ。
④牛乳を口から出して、ビンに戻した。
⑤牛乳配達員は気づかずに車を走らせた。

などと書いていきます。

できる子どもはビデオの流れを的確につかんで、段取りシートに再現します。わたしがそのビデオを見ていなくても、カメラと主演のアトキンソンさんがいれば、そっくりそのまま再現できるほどの完璧《かんぺき》なシナリオを書き上げます。

こういう子どもには、どうして笑ったのかというポイントを見抜く力があるのです。将来、仕事を進めるとき、十分に戦力となる段取り力を発揮することでしょう。

段取りをメモする力を養う

段取り力を鍛えるのにテレビの料理番組を使うこともあります。

カレーづくりのところでもお話ししましたが、料理の基本は段取り力です。番組を学生に見せてメモをとらせ、作り方を覚えさせます。そして、段取りシートにまとめてもらうのです。

このとき**メモをとる力がとても大切**になります。できる学生は手がとても速く動きます。**頭脳が手の動きに直結している**感じです。

東大生には、手が速く正確に動かない学生というのはほとんどいません。

先日、わたしが出演したあるテレビ番組で、こんな企画を用意しました。複数のゲストに料理ができるまでのビデオを見せて、その段取りをメモしてもらい、あとで説明してもらうというものです。

ゲストの中には東大出身の女優、菊川怜さんがいらしたのですが、彼女のメモする速度は抜群に速く、料理の段取りも完璧に説明してくれました。

手が速く正確に動くというのは脳の回転と関係があります。メモもとらないでじっと見ている人は、あまり頭が回転していないのです。

メモする力は鍛えることができます。

できるだけ早いうちから、お子さんにメモをとる習慣をつけさせてください。

シナリオづくりや料理番組を例に話をすると、「段取り力とは細かくタイムキーピングすることではないか」と思う人がいるのですが、そうではありません。

むしろ枝葉末節は捨てて骨組みをきっちりととらえ、まちがいがないようにする力です。**ポイントを押さえるから最終目的がブレずにすむ**のです。

入社試験でも段取り力を問われる

わたしが「段取り力」にこだわるようになったきっかけをお話ししましょう。

それは、昨今の就職難と関係があります。

就職氷河期といわれる時代が何年も続き、大学を卒業しても就職先がないという学生を見続ける中で、わたしは「**どういう人なら採用されるのか?**」と真剣に考えました。学生を送り出す側にとって、これは切実な悩みでした。

社会で実際に仕事をしている人や、これまで人生を長く生きてきた先輩方に、「社会でほんとうに必要な力とはどういうものか？」とたずね歩きました。

そうした中、ある経営者の方が、「**周りの人の動きをよく見て次の展開を予測し、自分がどう動けばいいのかをいつも考えている人**がほしい」とおっしゃいました。

わたしはそれを聞き、「つまり、段取りをつける力がある人ではないか」と感じたのです。

こうした「段取り力」というコンセプトは誕生しました。

わたしは経営者向けのセミナーも数多くやっていますが、ここで段取り力の話を聞いた経営者の中には、**段取り力を試すような採用試験を始めたところもある**そうです。

たとえば、まず、その会社の仕事のひとつを見せます。

そして、「うちの工場ではこういう流れでハムをつくっています。20分くらい自由に眺めていてください」と言います。

20分たったら学生を会議室に集めて試験をします。問題には「ハムのできるまでのおおまかな流れを書きなさい」と書いてあるのです。

要するに、ハムづくりの段取りを書かせるのです。

きちんと段取りが書けていれば採用です。書けていなかったら、どんなに人柄が良くても採用されません。

「段取りのつかめていない人は、仕事ができないだけでなく、チームの足をもひっぱる」と採用担当者は判断するからです。

わたしは、この方法は仕事のできる人を採用するためのすぐれた方法だと思います。これまでの常識問題や面接だけでは推し量ることのできなかった、現実に仕事をする力を見極めることができるのです。

段取りを組むという意識で文章題と向かい合う

段取り力の基本は文章題を解くことで鍛えることができます。

文章題を解くときに大事なのは「方針」です。文章題に向かって、はっきりとした方針を立てずに何となく解こうとしている子どもは意外に多いものです。

文章題とは「段取りをきちんと組むのだ」という意識で向かい合わなくてはなりません。

では、文章題を解くということについて具体的に考えてみましょう。

文章題は子どものいろいろな能力を総合的にためすものですが、段階ごとに、どのような能力が問われているかを考えてみます。

文章題を解くには、問題を正しく理解しなくてはなりません。問題の本質を理解せずに解いても時間のむだです。

これには問題を読み取る国語力が必要です。問題の条件を正確に把握するのも国語力です。国語力が低下すると算数もできなくなるというのは、こういうことです。

問題を理解したら、解法の糸口をつかみます。ことばを図や表に置き換えたりするのです。

図や表で考える方法は、大人になってからの問題解決にもたいへん有効な手段です。

次に、具体的に解答への方向を定め、ゴールに向かって進みます。ここでは論理的に考えたり、発想の転換をしたりする力が必要です。

あとは、正しく計算すればいいのです。

以上が文章題を解くために必要な能力です。

食塩水の濃度の問題

たとえば、食塩水の問題を例に考えてみましょう。

[問題]

Aのカップには5%の食塩水200gが入っています。Bのカップには10%の食塩水300gが入っています。AとBの食塩水を合わせると何%の食塩水ができますか。

この問題の解き方の段取りをことばで順序立てて説明していくと、次のページのようになります。

[解き方の段取り]

これは2つの食塩水を混ぜる問題だ。

↓

求めるのは2つの食塩水を合わせたあとの食塩水全体の濃度。

↓

濃度は、食塩の量を食塩水の量でわると求められる。

↓

まず、Aの食塩水に含まれている食塩の量を求めよう。

↓

食塩の量を求めるには、食塩水に濃度をかける。

200g × 0.05 = 10g

↓

次に、Bの食塩水に含まれている食塩の量を求めよう。

300g × 0.1 = 30g

↓

2つの食塩の量をたしたものが、合わせたあとの食塩水に含まれる食塩の量になる。

10g + 30g = 40g

↓

食塩水全体の量を求めよう。

200g + 300g = 500g

↓

食塩の量を食塩水の量でわれば、食塩水の濃度が求められる。

40g ÷ 500g = 0.08　　　答え　8%

いかがでしょうか。

ふつう、式と式の間には説明をつけません。

しかし、**できる子の頭の中では、文章題はこのような段取りで解かれているのです。**

わたしの考えた「算数を国語力で勉強する」という方法は、つまり、こういうことなのです。

式の意味を説明し、式と式の間のつながりを、子どもが理解しながらやっていくのです。

ただ機械的にもくもくと解いていくのではなく、「なぜそうした式を立てるのか」「何を求めようとしてこの作業をやっているのか」をきちんと説明できるようにするのです。

この方法は、もちろん、わたしのドリルにも活《い》かされています。

算数・数学は脳をクリアにする

数学的能力があるということは、極めて頭がすっきりしているということです。脳が快適で混濁《こんだく》しないのです。

わたしは高校生のとき、塾で数学を習っていましたが、そこで教えてくれた先生が、「美しくなければ数学ではない」という考え方の持ち主でした。

この先生は、たとえ正しく問題を解けても、筋道をふんでいない解き方や回り道をした解き方だと「美しくないからダメ」と言いました。

先生のいう「美しい」とは、段取りがきちんとできているということです。**数学はいかに美しい学問であるかということ**を徹底的に教えてくれたのです。

わたしはこの先生のおかげで数学が大好きになりました。

数学が好きな人とそうでない人とでは、おそらく脳の働きもまったくちがってくるでしょう。

わたしの脳の中はさっぱりと整理されています。うねうねしていることがなく、いつも晴れわたってとてもクリアです。

数学が好きだからだと信じています。

お母さん、**算数や数学がすっきりとしたクリアな脳をつくる**ことを忘れないでください。

5章

音読で脳を鍛《きた》える

身体にしみ込んだ名文は人生の宝物です。

授業では声に出して読まなくなった

3章では、語彙《ごい》力（漢字力＋ことば力）を豊かにし、国語力を高める方法についてお話ししました。

この時間は、名文を大きな声で音読することによってそれを覚え、身体にしみ込ませる方法についてお話ししていきます。

わたしは『にほんごであそぼ』（ＮＨＫ教育テレビ）の監修をしています。

この番組の影響で、たくさんの小さな子どもたちが落語の『寿限無《じゅげむ》』や「祇園精舎《ぎおんしょうじゃ》の〜」で始まる『平家物語』の冒頭、中原中也《ちゅうや》の「汚れつちまつた悲しみに……」といった名文を暗誦《あんしょう》できるようになりました。

公園で遊んでいる幼稚園児が、「祇園精舎の鐘の声、諸行無常の響《ひびき》あり。沙羅双樹《しゃらそうじゅ》の花の色。盛者必衰《じょうしゃひっすい》の理《ことわり》をあらはす」と言っていたり、子どもたちが数人で、「寿限無寿限無、五劫《ごこう》のすりきれ～」と言いながら笑い合っているのです。

こうした光景は、数十年前までは当たり前のものでした。**自分の好きな漢詩を大きな声で暗誦したり、芝居の名ゼリフを日常生活の中で口にしたりすることは、とりたてて珍しいことではなかった**のです。

ですが最近では、むしろ詩や名文を暗誦することのほうが珍しくなってしまいました。

小学校の授業でも、声に出して読むことをあまりしなくなりました。

詩の授業を見ても、詩そのものを声に出して読み暗誦するということはあまりやらず、詩の解釈に時間がさかれることが多いのです。

暗誦ができれば名文の魅力は倍増する

日本語を習得するということから考えると、小学生の頃から名文に出合い、それを音読して覚え、身体にしみ込ませることは、将来、子どもの人生にとてもプラスになります。

最高レベルの日本語を自分の身体にしみ込ませることによって、日本語の良し悪《あ》しが感覚としてわかるようになるからです。

それは、最高のクラシック音楽に触れたときと同じです。

モーツァルトを聴くことで、音楽の質を感じ取る感性が養われるように、**最高級の日本語に早くから出合っておくと正しい日本語の感覚が身につくの**です。

一度身についた感覚は、生涯にわたってその人を支える力となります。意味の解釈だけでは、そうした感覚を養うことはできません。

名文に出合ったら、まずは音読することです。

音読は身体に活力を与えます。深く息を吸い、大きな声を出す。身体全体で息をして、美しい響きをもった日本語を味わう。名文を声に出して読み上げることによって身体から力がわいてきます。

そして、できれば暗誦してください。

文章の意味はすぐにわからなくてもいいのです。それでも暗誦して身体にしみ込ませておくと、長い人生の中で、いつかわかる瞬間が訪れるはずです。

なにげない日常のやりとりの中で、ふと、「春はあけぼのだよね」と『枕草子』が引用されたり、「どっどど　どどうど」と『風の又三郎』の詩が引き合いに出されたとき、名文の魅力が何倍にも増していることを感じることができるのです。

音読がうまい子どもは国語力も高い

こうして音読や暗誦の習慣が身につけば、国語力は自然とアップしていきます。日本語を音読させれば、その子どもの国語力はすぐにわかります。ある程度むずかしい文章、たとえば幸田露伴《ろはん》の文章とか森鷗外《おうがい》の文章を音読してもらうのです。

漢字が読めないということもありますが、それならルビ（ふりがな）がふってある文章でもかまいません。

よどみなく、意味のまとまりごとに読めるかというのが基準です。意味がわかって読んでいるかどうかは、抑揚と意味の区切り方でわかります。

逆に、**音読がうまくなることによって、意味を把握する力が高まり、読解力が上がる**ともいえます。音読を鍛《きた》えることで、日本語の構造が自然に身体の中に入ってくるのです。

そうした意味からも、わたしの『やる気のワーク　最強の国語力』（旺文社）に音読の章を設けました。

取り上げた作品は左ページのとおりです。参考にしてください。

『やる気のワーク　最強の国語力』に掲載した音読用の作品

山村暮鳥《ぼちょう》『雲』

高村光太郎『智恵子抄』

江戸川乱歩『怪人二十面相』

森　鷗外『舞姫』

宮沢賢治『風の又三郎』

井伏鱒二《いぶせますじ》『山椒魚《さんしょううお》』

作者未詳『竹取物語』

清少《せいしょう》納《な》言《ごん》『枕草子』

吉田兼好《けんこう》『徒然草《つれづれぐさ》』

鴨《かもの》　長明《ちょうめい》『方丈《ほうじょう》記《き》』

作者未詳『平家物語』

松尾芭蕉《ばしょう》『奥の細道』

音読は脳そのものを鍛《きた》えます。

夏目漱石の『坊っちゃん』を音読破する

わたしがこの本の中で、前にお話しした「漢字力」「ことば力」「読解力」と、この時間の「音読力」をあえて分けたのには理由があります。

音読には、国語という領域を越えて脳を鍛えることができる、脳を元気にすることができる、という効果があるからです。

そこでまず、音読が脳の耐久性を高めるという話をしたいと思います。

わたしは、小学生対象に夏目漱石の『坊っちゃん』を音読破するという授業をやっています。「音読破」とは、文字どおり「音読」で「読破」することです。

やり方は簡単です。わたしがまず一文を読みます。「親譲りの無鉄砲で子どもの頃から損ばかりしている」日本語らしい抑揚で、意味のまとまりごとにやや速めのスピードで音読します。

そして、それを子どもたちが復唱します。こうした要領で『坊っちゃん』を丸ごと音読するのです。

音読破を復唱方式でやると、日本語のイントネーションが身につきます。リズムがわかると、**相当速いスピードでもついてきて、口が止まらなくなります。**この状態になると、**頭がカチカチカチカチと働き出す**のです。

頭が働くと余裕がなくなると思うのは大まちがいで、頭の回転数が速いほど、現実はゆっくりと、周りの人間が止まっているかのように見えるのです。

脳の様子が声に表れる

こうして音読していくと、子どもの脳の様子を聞き取ることができます。音読を始めて10分もたつと、子どもたちの声から元気が失われていきます。

脳のテンションが下がってきた証拠です。

これが黙読だとどうでしょう。集中できているのか、それともテンションが下がっているのか、自分でもよくわからなくなるときがあります。本を読んでいたのに全然ちがうことを考えていたということはだれにもあるはずです。

音読はごまかせません。頭が休んだら口が止まってしまいます。音読には頭を使っていることを実感する効果もあるのです。

大きな張りのある声で音読を続けるのはかなりきついことです。最初は10分も読んだら疲れてきます。

そこで、**脳の立て直しを図ります。立ち上がり、腰を伸ばして、大きく深**

呼吸します。ジャンプして全身をゆすってもいいでしょう。

脳が疲れてくると腰が崩《くず》れ、へたり込んでしまいます。腰をしっかりと立てることで脳はリフレッシュするのです。

脳の立て直しができたら、また読み始めます。しばらくすると、また脳が疲れるので、再び同じように活を入れます。

そして、ついに『坊っちゃん』の音読破が終了します。最初の11章はテキストで32ページあるのですが、それを25分間ノンストップでテンション高く音読しました。

終わったときにはもう大拍手、大歓声です。

音読によって、名文を身体の中にしみ込ませるすばらしさは先程お話ししましたが、『坊っちゃん』を音読破したあとにも、すぐにその効果が表れます。

読み終わった瞬間、**子どもが明治時代にタイムスリップする**のです。「すこぶる愉快だ」「甚《はなは》だおかしい」なんて言いだすのです。

音読は脳の持久力を高める

『坊っちゃん』の音読破は脳の持久力をつける基礎訓練でもあります。

家庭で行なう場合、『坊っちゃん』は11章あるので、1日1章ずつ11日間で読破するといいでしょう。

音読破を一度体験すると集中力を維持するコツが身につきます。長い時間考えることができるようになります。

脳の持久力は、このように訓練で伸ばすことができます。決して、もって生まれた資質ではありません。水泳で何メートル泳げるようになるか、マラソンで何キロ走れるようになるかと同じです。トレーニングしだいで、脳を集中して使う時間は伸ばしていくことができるのです。

子どもたちが社会に出て仕事を始めたら、どんな仕事であれ、アイデアを出すことが要求されます。仕事ではアイデアでピンチを乗り越えることが多いものです。

ですが、アイデアは考え抜かれたものでなくてはなりません。考え抜かれたアイデアは失敗する危険度が高いのです。

一見おもしろいがリスクも高いというのは「思いつき」です。アイデアというからには、トラブルを想定して練り上げられたものでなければならないのです。

使えるアイデアをつくるには、考えに考え抜いて、「思いつき」で質の高いものに進化させていきます。このときに必要なのが、脳の集中を維持させる持久力です。考え抜く力ともいえます。

アイデアの良し悪《あ》しは、頭の良し悪しで決まるものではありません。考えた時間に比例するものです。

あるバラエティー番組のプロデューサーが、「若い構成作家を採用するときには、いちばん長く考えていた人物を選ぶ」と言っていました。

1時間で企画が出なかったら1日、それでもダメなら3日と、考え続けられる人が最終的にはおもしろい企画を出すというのです。

しかし、現実には脳の集中力を維持させることのできない学生や社会人はたくさんいます。壁にぶつかるとすぐに「わからない」と考えることをやめてしまったり、あるいは軽いパニック状態に陥ったりして考え続けることができないのです。

子どもの頃から音読破をすることによって、脳を鍛えておけば、長い時間考え続けられる力を獲得できるのです。

音読には脳を活性化する作用がある

音読したあとでは、脳全体の働きが2～3割活性化し、脳の司令塔といわれている前頭前野《ぜんとうぜんや》の部分に限れば3倍も働きが良くなるという研究データがあります。

小学生の2グループに計算問題を出したとき、事前に本の音読をさせたグループのほうが、いきなり問題をやらせたグループより高得点だったのです。

体育の授業で準備運動をするように、脳も準備運動をさせることで学習効率が上がるのでしょう。脳にも、準備運動が必要なのです。

勉強を始める前には、ぜひとも音読をすることをおすすめします。

小学生のうちから古典作品も音読しましょう。

いい作品を早いうちから身体にしみ込ませる

わたしの国語力ドリルの中には、『竹取物語』『枕草子』『徒然草《つれづれぐさ》』『平家物語』などが入っています。小学生のうちから古典作品に慣れておいたほうがいいと思うからです。

これらの作品は、大学の入試問題としてよく使用されるものです。とくに『徒然草』は本当によく出題されます。丸ごと暗誦《あんしょう》しておいたほうが有利なくらいです。

お母さんの中には、「小学生のうちから、よくわからない古典作品を読ませるなんて無理ではないでしょうか?」と心配する人もいます。

ですが、そんな心配はいりません。

大阪のある幼稚園では、年少組から漢詩を速いテンポで朗読・暗誦しています。

国破れて山河《さんが》あり
城春にして草木《そうもく》深し
時に感じて花にも涙を濺《そそ》ぎ
別れを恨《うら》んで鳥にも心を驚かす
（杜甫《とほ》『春望《しゅんぼう》』より）

わたしは驚きました。

子どもたちの表情が生き生きしているのです。速いテンポで調子のいい詩文を声に出して読むことを、身体全体で楽しんでいるのがわかりました。

子どもは大人以上に脳や身体がやわらかいのです。リズムやテンポを楽しむことにすぐれているのです。だから心配ないのです。

質の高い作品を幼い頃から身体にしみ込ませることが、これから続くであろう60年、70年の人生を豊かにしていくのです。

古典作品は子どもにもおもしろい

古典作品のおもしろさを実感してもらうために、これから実際に、お母さんにも読んでもらいたいと思います。

ここで取り上げたのは、『平家物語』の中の那須与一《なすのよいち》という弓の名人が活躍する場面です。

源氏と平家が戦い、敗れた平家は用意していた船に乗って海に逃げていきます。

源氏は浜に残されるのですが、沖合を見ると平家の船の上に竿《さお》が立てられ、その先に扇が置かれています。平家の女性が手招きし、「この扇を矢で討てるかしら。討てるものなら討ってごらんなさいな」とばかりに挑発しています。

浜からはだいぶ距離があり、波もあるので扇は上下に揺れています。ふつうに考えれば不可能です。そこに登場するのが弓の名人、那須与一。はたして与一は扇を射落とすことができるでしょうか。

ここまでが知っておいてほしい場面の説明です。『やる気のワーク 最強の国語力』（旺文社）にも、こうした説明をすべての作品につけました。これでだいたいの状況をつかみます。その上で音読します。さあ、やってみてください。

「…願はくはあの扇のまゝなか射させてたばせ給《たま》へ。これを射損《いそん》ずる物ならば、弓きり折り自害して、人に二《ふた》たび面《おもて》をむかふべからず。いま一度本国へむかへんとおぼしめさば、この矢はづさせ給《たも》ふな」

と、心のうちに祈念《きねん》して、目を見ひらいたれば、風もすこし吹きよわり、扇も射よげにぞなッたりける。

与一鏑《かぶら》をとッてつがひ、よッぴいてひやうどはなつ。

小兵《こひょう》といふぢやう、十二束三伏《じゅうにそくみつぶせ》、弓は強し、浦《うら》ひびく程長鳴《ほどながなり》して、あやまたず扇のかなめぎは一寸《いっすん》ばかりおいて、ひィふつとぞ射きッたる。

鏑は海へ入《い》りければ、扇は空へぞあがりける。

しばしは虚空《こくう》にひらめきけるが、春風に一《ひと》もみ二《ふた》もみもまれて、海へさッとぞ散ッたりける。

夕日のかかやいたるに、みな紅《ぐれない》の扇の日いだしたるが、白浪《しらなみ》のうへにただよひ、うきぬ沈みぬゆられければ、興《おき》には、平家ふなばたをたたいて感じたり。

陸《くが》には、源氏箙《えびら》をたたいてどよめきけり。

「…どうか、あの扇のまん中を射させてください。もしこれを射損なうことがあったら、弓を折り自害して二度と人に顔は見せられません。いま一度故郷へわたしをむかえてやろうと思われるならば、この矢をはずさせないでください」と心のうちに祈って目を開いてみると、風も弱まり扇も射やすそうになっていた。与一は鏑矢を取ってつがえ、ぐっと引きしぼって、ひょうと放った。小柄とはいえ矢の長さは十二束三伏、弓は強くて海辺に響くほど長鳴りして、あやまたずに扇のかなめぎわ一寸ばかりを残してひいふっと射きった。鏑矢は海に没し扇は空に舞い上がり、しばらく空中でひらめいていたが、早春の風に一もみ二もみもまれて海へさっと落ちていった。夕日が輝くなかで赤地に金の日の丸をつけた扇は白波の上にただよい、浮いたり沈んだりしているので、沖では平家が船ばたをたたいてほめたたえ、陸では源氏がえびらをたたいて歓声をあげた。

こうして与一は見事に扇を射落とし、両軍は敵味方の区別なく感嘆することになりました。

こうした文章を音読して身体にしみ込ませると、**高校生になってから古典文法を覚えるときもまったく苦になりません。**

たとえば4行目に「扇も射よげにぞなッたりける」というフレーズが出てきます。

「ぞ」という係助詞がくると、文末は「けり」ではなくて「ける」と連体形で結ぶというルールがあるのですが、このような文法は決まりだけを覚えるのはとてもむずかしいことです。でも、**先に材料を自分の身体の中に入れておけば楽に理解できる**のです。

親子で音読を始めましょう。

姿勢と呼吸を整える

では、お母さんとお子さんで音読する方法についてお話しします。

まずは姿勢。基本は背筋を伸ばすことです。立って読んでも、いすに腰をかけた姿勢でも、正座でもかまいませんが、背筋は伸ばしてください。

肩の力を抜いてリラックスして深呼吸します。

深呼吸の仕方は、**鼻から3秒吸って2秒間止め、口から15秒間で吐きます。これを6回繰り返してください。**おなかの奥までゆっくり息を吸い込んで、そしてゆっくりと吐きます。

大切なのは、**息を長く吐くこと**です。深い息ができれば、心身が落ち着きますし、ほかのさまざまなリズムにも合わせることができるようになります。

さあ、これで準備ができました。

お母さんが読んで子どもが繰り返す

では、大きな声で音読してみましょう。

お母さんが一文読んだら、お子さんがそれを復唱します。ポイントは、日本語らしいリズムで読むことです。

この方法のいいところは、お子さんが意味のまとまりごとに聞けるということです。子どもは、自分だけでは意味のまとまりをつかむのがむずかしい場合もあるのです。

だから、お母さんがまず読んであげてください。

日常会話程度のスピードよりもやや速めに読みます。学校の読み方はゆっくりすぎます。もっとテンポよく速くです。

きちんとしたリズムで読めば、意味の説明をしなくても、子どもは意味を理解できるのです。

とにかくテンポよくということに注意してください。まちがえても気にしないでどんどん読みましょう。

大切なのは毎日数分ずつでもいいので、しばらくの期間、継続することです。それだけでも、授業で解釈のみを習うのとはまったくちがう効果が得られます。

短い文章を音読することに慣れたら、一冊丸ごと音読破してみてください。いっぺんに一冊はさすがに無理ですから、分けて読みます。

一冊音読破すると、**お母さんもお子さんも脳の力と呼吸の力が鍛《きた》えられ、格段にレベルアップ**します。どんな子どもでも確実に頭が良くなります。

野村萬斎《まんさい》さんのように読んでみよう

『にほんごであそぼ』(NHK教育テレビ)がヒットした要因のひとつは、出演している狂言師の野村萬斎さんの声にあります。

萬斎さんの鍛えあげられた張りのある声で、「どっどど　どどうど　どどうど　どどう」と『風の又三郎』(宮沢賢治)の冒頭部分を朗読してもらったことが、子どもたちの心を一瞬にしてつかんだのです。

その後の、「ややこしや　ややこしや」(『間違いの喜劇』シェイクスピア・坪内逍遥《しょうよう》訳)で、子どもたちはテレビから離れられなくなりました。

狂言師の声には秘密があるのです。

NHKが、赤ちゃんへの語りかけの実験を行なったことがあります。落語家、ラップ調の語りかけ、狂言師、お坊さんなどが語りかけたところ、赤ちゃんみんなが耳を傾けたのは狂言師の声でした。

寝ていたり、泣いていたりする赤ちゃんもいたのですが、狂言師が語りかけると、寝ている子は起き、泣いている子は泣きやんで、24人の赤ちゃん全員が静かに聞き入ったのです。

じつは狂言師の声は、**呼吸法に秘密**があります。

それは**「臍下丹田呼吸《せいかたんでん》」**をしていることです。「臍下丹田」は、ヘソから握りこぶしひとつ分だけ下がったところに位置します。

この呼吸法は、身体をリラックスさせ、手を丹田に添えて、胸や肩の力を抜いて、丹田を凹《へこ》ませながら口からゆっくりと息を吐く方法です。

息を吸うときは添えた手を軽く意識しながら、鼻からゆっくり、丹田に深く空気を吸い込むようなイメージをもって膨らみを増していきます。丹田を中心とした胴体の、前、後、わき腹が膨らむように入れるのがコツです。しばらく丹田を膨らませた状態を保ち、吐き始めるときもこの状態を少し保ちながら、**あとは腹部の自然なしぼみによって静かに息を吐いていきます。**この呼吸で、息を吐くときに声を出せば、自然と張りのある声が出せるようになります。

お母さんとお子さんで呼吸法を練習し、発声法も工夫して、楽しみながら音読力を高めていってください。

このあとに、音読におすすめの作品の一部を掲載しておきます。お子さんと一緒に楽しく音読してみてください。

●音読用の作品

『山のあなた』

カール・ブッセ（上田敏《びん》『海潮音《かいちょうおん》』）

山のあなたの空遠く
「幸《さいわい》」住むと人のいふ《う》。
噫《ああ》、われひと丶尋《とと》めゆきて、
涙《なみだ》さしぐみかへ《え》りきぬ。
山のあなたになほ《お》遠く
「幸」住むと人のいふ《う》。

『雨ニモマケズ』（「手帳」より十一月三日）

宮沢賢治

雨ニモマケズ
風ニモマケズ
雪ニモ夏ノ暑サニモマケヌ
丈夫《じょうぶ》ナカラダヲモチ
慾《よく》ハナク
決シテ瞋《いか》ラズ
イツモシヅカニワラッテヰ《い》ル
一日ニ玄米《げんまい》四合《よんごう》ト
味噌《みそ》ト少シノ野菜ヲタベ

アラユルコトヲ
ジブンヲカンジョウニ入レズニ
ヨクミキキシワカリ
ソシテワスレズ
野原ノ松ノ林ノ蔭《かげ》ノ
小サナ萱《かや》ブキノ小屋ニヰ《い》テ
東ニ病気ノコドモアレバ
行ッテ看病シテヤリ
西ニツカレタ母アレバ
行ッテソノ稲ノ束《たば》ヲ負《お》ヒ《い》
南ニ死ニサ《そ》ウナ人アレバ

行ッテコハ《わ》ガラナクテモイイトイヒ《い》
北ニケンクヮ《か》ヤソショウガアレバ
ツマラナイカラヤメロトイヒ《い》
ヒデリノトキハナミダヲナガシ
サムサノナツハオロオロアルキ
ミンナニデクノボートヨバレ
ホメラレモセズ
クニモサレズ
サ《そ》ウイフ《う》モノニ
ワタシハナリタイ

『千曲川《ちくまがわ》旅情の歌 一』

島崎藤村《とうそん》

小諸《こもろ》なる古城《こじょう》のほとり
雲白く遊子《ゆうし》悲しむ
緑なす蘩蔞《はこべ》は萌《も》えず
若草も籍《し》くによしなし
しろがねの衾《ふすま》の岡辺《おかべ》
日に溶《と》けて淡雪《あわゆき》流る

あたゝ《た》かき光はあれど
野に満つる香《かおり》も知らず

浅くのみ春は霞《かす》みて
麦の色わづ《ず》かに青し
旅人の群《むれ》はいくつか
畠中《はたなか》の道を急ぎぬ

暮れ行けば浅間《あさま》も見えず
歌哀《うたかな》し佐久《さく》の草笛
千曲川いざよふ《う》波の
岸近き宿にのぼりつ
濁《にご》り酒《ざけ》濁れる飲みて
草枕しばし慰《なぐさ》む

『走れメロス』

太宰治《だざい》

ふと耳に、潺々《せんせん》、水の流れる音が聞《きこ》えた。そっと頭をもたげ、息を呑《の》んで耳をすました。すぐ足もとで、水が流れているらしい。よろよろ起き上って、見ると、岩の裂目《さけめ》から滾々《こんこん》と、何か小さく囁《ささや》きながら清水《しみず》が湧《わ》き出ているのである。その泉に吸《す》い込まれるようにメロスは身をかがめた。水を両手で掬《すく》って、一くち飲んだ。ほうと長い溜息《ためいき》が出て、夢から覚《さ》めたような気がした。歩ける。行こう。肉体の疲労恢復《かいふく》と共《とも》に、わずかながら希望が生《うま》れた。義務遂行《すいこう》の希望である。わが身を殺して、名誉《めいよ》を守る希望である。斜陽《しゃよう》は赤い光を、樹々《きぎ》の葉に投《とう》じ、葉も枝も燃えるばかりに輝いている。日没までは、まだ間《ま》がある。私を、待っている人があるのだ。少しも疑わず、静かに期待してくれている人があるのだ。私は、信じられている。私の命なぞは、問題ではない。死んでお詫《わ》び、などと気のいい事は言って居《お》られぬ。私は、信頼に報《むく》いなければならぬ。いまはただその一事《いちじ》だ。走れ！　メロス。

『怪人二十面相』

江戸川乱歩

明智《あけち》は、安楽イスのクッションにふかぶかと身をしずめ、辻野氏《つじのし》におとらぬ、にこやかな顔で答えました。

「ぼくこそ、きみに会いたくてしかたがなかったのです。汽車の中で、ちょうどこんなことを考えていたところでしたよ。ひょっとしたら、きみが駅へ迎《むか》えに来ていてくれるんじゃないかとね。」

「さすがですねえ。すると、きみは、ぼくのほんとうの名前もごぞんじでしょうねえ。」

辻野氏のなにげないことばには、おそろしい力がこもっていました。興奮のために、イスのひじ掛けにのせた左手の先が、かすかにふるえていました。

「少なくとも、外務省の辻野氏でないことは、あの、まことしやかな名刺《めいし》を見たときから、わかっていましたよ。本名といわれると、ぼくも少しこまるのですが、新聞なんかでは、きみのことを怪人二十面相と呼んでいるようですね。」

明智は平然として、このおどろくべきことばを語りました。ああ、読者諸君、これがいったい、ほんとうのことでしょうか。盗賊《とうぞく》が探偵を出むかえるなんて。探偵のほうでも、とっくに、それと知りながら、賊のさそいにのり、賊のお茶をよばれるなんて、そんなばかばかしいことがおこりうるものでしょうか。

「明智君、きみは、ぼくが想像していたとおりの方でしたよ。最初ぼくを見たときから気づいていて、気づいていていながらぼくの招待に応じるなんて、シャーロック・ホームズにだってできない芸当です。ぼくはじつにゆかいですよ。なんて生きがいのある人生でしょう。ああ、この興奮の一時《ひととき》のために、ぼくは生きていてよかったと思うくらいですよ。」

『方丈記《ほうじょうき》』

鴨長明《かものちょうめい》

ゆく河《かわ》の流れは絶《た》えずして、しかも、もとの水にあらず。淀《よど》みに浮《うか》ぶうたかたは、かつ消えかつ結びて、久しくとゞ《ど》まりたる例《ためし》なし。世中《よのなか》にある人と栖《すみか》と、またかくのごとし。

たましきの都のうちに、棟《むね》を並べ、甍《いらか》を争へ《え》る、高き、いやしき、人の住《すま》ひ《い》は、世々《よよ》を経《へ》て盡《つ》きせぬものなれど、これをまことかと尋《たず》ぬれば、昔《むか》しありし家は稀《まれ》なり。或《あるい》は去年《こぞ》焼けて今年作れり。或は大家《おおいえ》亡《ほろ》びて小家《こいえ》となる。住む人もこれに同じ。所も変《かわ》らず、人も多かれど、いにしへ《え》見し人は、二三十人が中《うち》に、わづ《ず》かにひとりふたりなり。朝《あした》に死に、夕《ゆうべ》に生《うま》るゝ《る》ならひ《い》、たゞ《だ》水の泡《あわ》にぞ似たりける。

『枕草子《まくらのそうし》』

清少納言《せいしょうなごん》

春はあけぼの。やうやう《よようよう》しろくなり行《ゆ》く、山ぎは《わ》すこしあかりて、むらさきだちたる雲のほそくたなびきたる。

夏はよる。月の頃はさらなり、やみもなほ《お》、ほたるの多く飛びちがひ《い》たる。また、ただひとつふたつなど、ほのかにうちひかりて行くもをかし。雨など降るもをかし。

秋は夕暮《ゆうぐれ》。夕日のさして山のはいとちかう《こ》なりたるに、からすのねどころへ行くとて、みつよつ、ふたつみつなどとびいそぐさへ《え》あはれ《わ》なり。まいて雁《かり》などのつらねたるが、いとちひ《い》さくみゆるはいとをかし。日入りはてて、風の音むしのねなど、はたいふ《う》べきにあらず。

冬はつとめて。雪の降りたるはいふべきにもあらず、霜《しも》のいとしろきも、またさらでもいと寒きに、火などいそぎおこして、炭もてわたるもいとつきづきし。昼になりて、ぬるくゆるびもていけば、火桶《ひおけ》の火もしろき灰《はい》がちになりてわろし。

〈以上、『声に出して読みたい日本語』『声に出して読みたい日本語2』（草思社）掲載作品より〉

齋藤孝からお母さんへの手紙

本書を読んでいただいてありがとうございました。

お母さんにまず知っていただきたかったことは、勉強をすると頭は良くなるということです。頭が良いから勉強ができるのではなく、勉強することで頭が良くなるのです。

勉強は運動とよく似ています。もともとの運動神経に多少の差はあるかもしれませんが、運動をしていない運動神経の良い子どもよりも、運動部に入ってずっと運動を続けてきた子どものほうが、結局は運動ができるようになります。

最近の学力低下の問題を解決するヒントはここにあります。

勉強ができなくなった原因は反復トレーニングを怠ったことにあります。

たとえば声に出して読むとか、計算ドリルをやるとか、昭和時代の小学校で行なわれてきた当たり前のトレーニングを、最近はほとんどやっていません。

子どもの学力は飛躍的に伸びる時期があります。それは、小学校4年から中学校2年くらいまでの「ゴールデン・エイジ」です。この時期にきちんと勉強した子どもと遊んでしまった子どもとでは、その後に大きな差がついてしまいます。

小学校のときについたクセはなかなかとれません。逆にいうと、いいクセをつければどんどん伸びていきます。

わたしが小学校4年、5年、6年用のドリルをつくったのは、そうした理由からでした。「ゴールデン・エイジ」にふさわしい反復トレーニングができる教材が必要だと思ったからです。

わたしはこの本の中で、子どもの学力を伸ばすには、お母さんの力が大きなウエートを占めることを述べてきました。

お子さんの自主性に任せることも大切なことですが、勉強の習慣のない子どもに勉強の楽しさを気づかせてあげるには、お母さんのサポートが必要になります。

最後に、もう一度、お母さんがお子さんをサポートする方法をまとめておきます。

「勉強することはすばらしい」と思ってください。

一生懸命に勉強することはすばらしいことです。いまの世の中にはまじめに努力することを「かっこうわるい」、努力しないで成功することを「かっこういい」と考える風潮が一部にありますが、それはまちがいです。

勉強こそが生きる力を育てるのです。胸を張って一生懸命勉強しましょう。お母さんが「勉強は大切なのだ」と強く思えば、その気持ちは子どもに伝わります。

学ぶことのおもしろさを気づかせましょう。

学ぶことのおもしろさは、感動と習熟のふたつで成り立っています。夏目漱石の文章に感動したり、図形問題の意外な解き方をマスターしたりするということです。小学校の時期は「学ぶことはおもしろい」ということを認識する大切な時期です。いまの子どもは学ぶことをおもしろいと感じていないから、学ぶ意欲がわかないのです。

お母さんはお子さんの勉強内容に関心をもち、「これ、おもしろいわね」「こんなにむずかしいことやってるの、すごいね」と意識的に声をかけてあげてください。

できるようになる喜びを気づかせましょう。

反復トレーニングというのはつらいものです。とくに一人で勉強していると、つらくなってやめてしまう子どもも多いのです。

お母さんは子どものペースメーカーになってあげてください。

「ついに全部できるようになったね」「この前よりも1分も速く解けたわよ」と、お子さんができるようになったことに感動して、できるようになる喜びをお子さんに気づかせてあげてください。

ゆっくり正確にではなく、速く正確にです。

反復トレーニングのときに大切なのはスピードです。ゆっくり正確にやるのではなく、正確に速くやることが目標です。

そこでお母さんは、ストップウオッチを用意して時間を計ってください。「この問題は○分以内に解く」というプレッシャーをかけないと、スピードは上がりません。

そして結果を見て、「この前よりも10秒速くなった」とほめてあげましょう。

親子の対話の中で知識を定着させましょう。

日常会話の中で勉強の復習をして知識を定着させましょう。

ちょっとした空いた時間を見つけて、お子さんに問題を出してあげてください。買い物に行く電車やバス、車の中、レストランで食事が出てくるまでの待ち時間、お風呂の中など、いつでもいいのです。熟語や慣用句を使った会話をしたり、算数の問題を出したりします。

お子さんは、「お母さんは自分の勉強に関心をもっていてくれる」と確信し、それが勉強を継続するエネルギーになります。

わたしが鍛《きた》えるという気構えをもってください。

子どもには「これくらいできないといけないよ」と、はっきりとプレッシャーをかけてください。「できてもできなくてもいい」という態度はいけません。

「この漢字は絶対に書けないとダメ」「このことわざは知らないといけない」「分数のわり算くらいできて当たり前」と子どもに対し要求していいのです。

そのためには、「わたしが鍛えるのだ」という心構えが必要です。

親の覚悟は子どもに伝わります。「過大な期待をしすぎてはいけない」と遠慮するのではなく、「将来必要な力だから、できるようにならなければいけない」という態度は譲らないことです。

子どもの実力は客観的に評価しましょう。

検定試験や模試などによって客観的な評価を受けましょう。それによってお子さんが自分の実力を知り、向上心につなげることができます。

お母さんは子どもの実力があらわになることを避けてはいけません。

以上、いろいろと申し上げてきましたが、勉強は努力を重ねれば確実にできるようになります。必ず成果が出るものであり、努力が評価されるフェアなものです。

勉強ほど公平なものはありません。

そして、勉強は生きていくためのものだということも忘れないでください。中学受験、高校受験、大学受験を突破するためではなく、社会に出てから十二分に活躍するために勉強するのです。子どもの幸せは、社会に出て、自分の適性に応じた実力を発揮することです。勉強はそのための準備であるとわたしは考えています。

将来、社会で大活躍するお子さんの姿を見たとき、お母さんはご自分のサポートが実を結んだことを実感されることでしょう。その日が一日も早く訪れることを心から願っています。

齋藤　孝

本書は2005年3月に刊行された単行本『子どもの能力を確実に引き出す！　齋藤 孝の実践母親塾』（旺文社）を改題の上、再編集したものです。

齋藤　孝（さいとう　たかし）
1960年、静岡県生まれ。東京大学法学部を卒業後、同大学院教育学研究科博士課程を経て、現在、明治大学文学部教授。専門は教育学、身体論、コミュニケーション技法。
おもな著書は、ベストセラーとなった『声に出して読みたい日本語』シリーズ（草思社）、『齋藤孝のイッキによめる!名作選』（講談社）など多数。また、NHK教育テレビ『にほんごであそぼ』の総合指導も行なっている。

本書の内容に関するお問い合わせ先
中経出版編集部　03(3262)2124

中経の文庫
「勉強ができる子」の母親の習慣
2011年9月25日　第1刷発行

著　者　齋藤　孝（さいとう　たかし）
発行者　安部　毅一
発行所　㈱中経出版
〒102-0083
東京都千代田区麹町3の2　相互麹町第一ビル
電話 03(3262)0371（営業代表）
03(3262)2124（編集代表）
FAX03(3262)6855　振替　00110-7-86836
http://www.chukei.co.jp/

DTP／マッドハウス　印刷・製本／図書印刷

ISBN978-4-8061-4184-6　C0137

中経の文庫

自分の子どもを一番にする法

梶本晏正

「問題を抱えた家庭」の子育てを長年支援してきた著者が、その豊富な事例をふまえて、やさしく、かしこく、たくましい子どもに育てていくためのヒントを紹介します！

子どもがふりむく　子育てのスーパーテク43

原坂一郎

20年以上にわたる保育士生活で編み出された、著者ならではの「子育てのコツ」はすべて実証済み！　育児に行き詰ったとき、本書はバツグンの効果を発揮してくれます！